集英社ヴィジュアル新書

世界遺産
神々の眠る「熊野」を歩く

植島啓司（文）
鈴木理策（写真）

はじめに

折口信夫《おりくちしのぶ》は一九五二年に「産霊《むすび》の信仰」という特別講義のなかで、神道関係者たちを前にして、日本の神々には二つの系列があると語ったことがある。「現在、我々の信仰しつづけている神道は、謂《い》わば、宮廷神道に若干の民間神道の加ったものがつづいて来ている訣だが、産霊の神の信仰になると、少し特殊なところがある。其点をお話して、あなた方に注意して貰いたいと思う。産霊の神は、天照大神《あまてらすおおみかみ》の系統とは系統が違うので、其点をはっきりして置かないと、考えが行き詰って了う」[★1]。

古代の宗教や信仰について語るとき、われわれはどうしても『古事記』『日本書紀』などの文献に頼りがちになる。しかし、それらはのちの中央権力によって政治的な意図を含んで編まれたものであり、伊弉諾尊《いざなきのみこと》、伊弉冉尊《いざなみのみこと》、天照大神、素戔嗚尊《すさのおのみこと》などをメインにした神々のパンテオンにすべてを吸収しようという企《たくら》みのもとにまとめあげられたものである。おそらく古代にこの列島に分布していた神々はもっと多様だったはずなのに、そのパンテオンから外された神々はいつのまにか正統ではないものとして排除されていったのだった。しかし、実際にはそれらの神々が拠って立つ基盤なくしては、日本の固有信仰は成立することもなかったのである。折口のいう「産霊の神」とはそれらを指しており、千数百年も生き延びてきたそうした神々も、明治以来のいく度かにわたる宗教弾圧（行政による宗教への介入）を経て、いまや風前の灯といった状況である。ところが、熊野を中心とする紀伊半島にはいまもそうした神々がかすかに息づいており、それゆえに人びとは熊野に強く惹かれるのではないかと思われる。

折口は「産霊」について次のように付け加えている。「むすぶ」とは同じものの両端を結びつけるとか違ったものを一点に結び合わせる意味に使われているが、もう少し違った特殊な「むすび」の用法があるという。「つまり、水を掬ぶと言う事である。水を掬って飲むまでの動作をむすぶと言っている。この掬ぶと、物を結合する結ぶとは、関係がありそうだ。此は、元来、或内容のあるものを外部に逸脱しない様にした外的な形を、むすぶという言葉で表現した点に共通する所があって、其が、信仰の消えた後も、動作を表すのに、むすぶと言う言葉を使用して来ているという事になる[★2]」。

ここで折口が言いたいことは、「むすぶ」を「或内容のあるものを外部に逸脱しない様にした外的な形」という点にまで戻って理解しようということであり、彼はそれこそ「産霊」の本義だとみなしているのである。「水を掬ぶは、信仰的に言うと、人間の身体の内へ霊魂を容れる・霊魂を結合させると言う事らしい。そうすると、其人間が非常な威力を発揮して来る訣で、其作法として、水を掬ぶと言う事をしたのである。つまり、水の中へ霊魂を容れて、其を人間の身体の中へ容れると言うのが、産霊の技法だったことになり、そう言う意味で、むすぶと言う言葉が、水を掬って飲む動作にも用いられているのである[★3]」。

古代の神々について考えるとなると、われわれはどうしてもその名前に頼りがちになるのだが、それ以前に「産霊」ということについての思索なくしては、それらがいかにして生まれたのか理解できないだろう。熊野という地に降り立って思うことはそのことで、至るところに、伊弉諾尊、伊弉冉尊、天照大神、素戔嗚尊などから神武《じんむ》天皇に至るまでの神話の痕跡が残されているのはもちろんのことだが、それ以上に何かが生まれ、育ち、変貌し、死ぬというダイナミズムが身体で実感されるのである。それは言葉にするとするりと手のひらから逃れてしまうのだが、いかなる観念的なものよりも先にあって、われわれの心の動きと重なり合い、この地の深いところで永遠に息づいているのである。

熊野には名も知られていない聖地が無数に分布している。それらには産土《うぶすな》の神々が宿っているわけなのだが、それらの神々は、「産土神」とか「土着神」とか「地主神」とかいう名称とはうらはらに、けっして一ヶ所に常住することはないのである。聖地と呼ばれる場所をマップにたとえると、神々はそれらを結ぶライン上を大きく移動している。そして、移動する際のメルクマール（目標）となるのが特殊な磐座《いわくら》である。神々はそうした巨石に座を移すと、そこで人びとに何事か託宣のようなものを与えて去っていくのだった。人びともその声を聞くためにそうした場所を大事に祀《まつ》ったのである。当初、神々は必ずしも人びとに恩恵を与える存在とはかぎらなかった。それゆえ、そうした動きに順応して神を感じとることにこそ意味があったわけで、そこにはむずかしい教理も規範も難行苦行も必要なかったのである。それこそ『旧約聖書』創世記で、ヤコブが石にもたれて天と地を結ぶ梯子《はしご》を行きかう天使の夢を見たように、だれでもその場に立ち会えたならば、何かしらかの力を得た（または、力に打たれて斃《たお》れた）のである。

しかし、このことについては、いくら机上でたくさんの文献を紐解いても一歩も先に進めないであろう。むしろ、そこには熊野という特殊な地を先入観なしに歩きまわるという迂遠《うえん》なやり方をとることによってしか、たどり着くことができない。折口は先の講義を以下の言葉でまとめている。「産霊の神に就いては、以上述べた事が緒で、此から深くなって行くのだが、私達にはまだまだ説明出来ないものが沢山ある。ともかく、神・人間を此世に出現させて来る産霊の神は、普通の神とは違い、日本の神道に於ける根本問題の一つであり、若いあなた方が是から拓いて行く道でもあるのだ。勉強して下さい」★4。

この列島には二つの系列の神々がいる。一方は比較的よく知られており、われわれはどの神社や聖域に出向いても、それらと出会うことができる。だが、もう一方の神々はいつもわれわれのすぐ近くにいるのに、なかなか出会うことができない。ただ、その痕跡はいたるところにみられるので、われわれはさまざまな目印をもとに、それらをどこまでも追跡することができる。そうしたことを念頭において、いよいよこれから熊野をめぐる旅を始めたいと思う。

「天海人」(三重県、2008年)より作成

JR東海道本線
名神高速道路
草津
JR草津線
京都
草津JCT
名神高速道路
中国自動車道
吹田
JCT
山陽新幹線
新大阪
新神戸
大阪
近畿自動車道
難波
JR東海道本線
JR関西本線
天理IC
松原
JCT
西名阪自動車道
美原
JCT
近鉄大阪線
南阪奈道路
葛城IC
阪和自動車道
JR阪和線
関西国際空港
泉佐野JCT
吉野・大峯
高野山
町石道
高野山
和歌山
大峯奥駈道
阪和自動車道
JR紀勢本線
小辺路
尾鷲
中辺路
熊野市
熊野本宮大社
熊野川
阪和自動車道
南紀
田辺IC
新宮
紀伊田辺
熊野速玉大社
熊野那智大社
白浜
大辺路
南紀白浜空港
紀伊勝浦
JR紀勢本線
串本

目次

世界遺産　神々の眠る「熊野」を歩く

本文デザイン・組版　アイ・デプト.

01
謎

那智の滝

熊野という言葉の響きは何を連想させるだろうか。一般的に、紀伊半島の南側一帯を総称して「熊野」と呼ぶわけだが、そこは日本でも随一といっていい特別な聖地であることはまちがいない。では、そこを聖地としているもっとも重要な要素はいったいどこにあるのだろうか。多くの人びとが熊野に惹きつけられる理由はなんだろうか。

ここに百年前の熊野と現在の熊野を比較した稀有《けう》な写真集がある。久保昌雄・久保広晃の撮影による『今昔《いまむかし》・熊野の百景』である。★1 これを見ると驚くべきことがわかるだろう。かつての熊野（一九〇〇年）と現在（二〇〇一年）の熊野とを同じアングルで撮っているにもかかわらず、そのほとんどの光景にあまり変化が見られないのである。もしこれが東京や大阪だったらどうだろう。もはやあとかたもなく変化して市街地化したり高層化したりしていることだろう。そんな変貌を遂げた姿にかつてを懐かしむ気持ちがつのるにちがいない。

ところが、熊野はこの百年間でまったく変化

していないように見える。岩肌が露出していたところがいまでは樹木が繁茂して一面緑に覆われているといった違いはあるのだが、それを見ると、むしろかつての熊野は、岩壁が露出したかなりダイナミックな風景を見せてくれていたことがわかる。とりわけ神倉山、和《わ》気《け》村、撞木山《しゅもくざん》、飯盛岩（巌）、花《はな》の窟《いわや》などがその好例といえるかもしれない。ただし、そうした表層的な変化を別にすれば、熊野はほとんど時代の変化をこうむっていなかったことがわかる。

　これまでに熊野を襲ったもっとも大きな変化といえば、一八八九年（明治二十二年）の大洪水であろう。それによって大斎原《おおゆのはら》に鎮座していた熊野坐《くまのにます》神社は大きな被害をこうむり、一八九〇年に流失をまぬがれた上四社の三棟を下祓所のあった現在の場所に移築して、翌年に現在の熊《くま》野《の》本宮大社《ほんぐうたいしゃ》が正式に遷座されたのだった。つまり、いまの熊野本宮大社は百年ちょっと前に移築されたのであって、それまではまったく別の場所（大斎原）にあったわけである。熊《くま》野詣《のもうで》の人びとは、大斎原にたどり着いたその足で音無川《おとなしがわ》を歩いて渡り（「ぬれわらじの入堂」）、夜になって改めて参拝するというのが正式な作法だったのである。つまり、音無川を渡るという行為が同時に禊《みそぎ》を意味していたのだった。

音無川

湯の峰温泉にしても、一九〇三年（明治三十六年）の大火でそのほとんどが焼失してしまい、現在の姿はかつてとはかなり大きく違ってしまっている（たとえば、いまや薬師堂、観音堂、東光寺は一つになり、旧薬師堂跡に建立されている）。しかも、一九四六年（昭和二十一年）の大地震などにより、しばしば温泉がとまって湯煙が消えたことも知られている。[★2] 自然の脅威を前にしては何もかもがかつてと同じというわけにはいかない。むしろ変化しないほうが奇跡だといえよう。

しかし、現在の熊野本宮大社がわずか百年少し前に移築されたものだとすると、

岩屋堂への道

いったいその前はどのような姿だったのだろうか。また、どのような経緯を経て、「蟻《あり》の熊野詣」と呼ばれるような繁栄を見せるようになったのか。もちろん、その当時の大斎原の賑わいを示す絵図が残されてはいる。しかし、それもたかだか五、六百年前のことにすぎない。では、さらにそれ以前の熊野はいかなる姿であったのか。なぜ熊野十二社というようにそこに多くの神々が

祀られるようになったのか、その足どりはいかなるものであったか。

そもそも熊野の主神たるべき三柱の神、すなわち、家津御子神《けつみこのかみ》、速玉神《はやたまのかみ》、牟須美神《むすびのかみ》らは『古事記』『日本書紀』とはまた別の系列の神々であり、高天原《たかまのはら》とも出雲《いずも》とも違っている。それらが後になって、伊弉諾尊《いざなきのみこと》、伊弉冉尊《いざなみのみこと》、素戔嗚尊《すさのおのみこと》、天照大神《あまてらすおおみかみ》などに擬せられるとしても、そこに背景となる共通の神話が存在しているわけでもなく、ただ外から名前を借りてきただけなのである。すなわち、記紀の神々の名がそこにみられるようになったということは、天皇中心の中央集権的な国家体制に組み込まれていったことを意味しており、そこには神々の深い結びつきなど何も考えられていないように思われる。それでなくとも、神々は互いに他の神々を呼び寄せる傾向がある。差異化よりも同一化こそが神話の力学の中心なのである。宗教においては祀られる神がもっとも重要にみえるが、実は時代の変化にともなって祀られる神はどんどん変わる[★3]。似たものが似たものを呼び寄せるのだ。家津御子神は、後に素戔嗚尊となり、さらに阿弥陀如来《あみだにょらい》となる。しかし、そんなことにこだわっていては大事なものがみえなくなってしまう。神々の名前はそれだけの意味しかもっていない。

では、家津御子神、速玉神、牟須美神らはいかなる存在だったのか、その意味するところはなんだったのだろうか。その謎は文献を読み解くことからは明らかにされないし、神の名を系統づけて整理していってもいっこうに埒《らち》が明かないだろう。

熊野の歴史を紐解くと、熊野三山は古来より山岳修行者たちが集う聖域だった。仏教伝来よりもずっと前からそこには多くの宗教者たちが集まっていたのである。やがて院政期に入ると、上皇や貴族の熊野詣が盛んになり、一〇九〇年の白河上皇の熊野御幸《くまのごこう》をきっかけに、熊野三山検校《くまのさんざんけんぎょう》のもと、強大な武力をもつ別当（検校のもとにあって実質的に三山を管理する職）らが率いる一大組織となっていく。それゆえ、室町に至るまで多くの荘園《しょうえん》が寄進されたのである。室町末期からは荘園の数も減り、その経済は先達に導かれて全国各地から熊野詣をする人びとによって支えられるようになる。いわゆる「蟻の熊野詣」である。本山派《ほんざんは》の組織が実質的に形成されたのもその頃のことであった。★4

そこには、神道、修験道、陰陽道、浄土教、観音信仰などさまざまな宗教の動きが時代によって色濃く反映されてきている。しかし、家津御子神、速玉神、牟須美神らとそれらとはどのようにかかわってきたのだろうか。いったいそれらの神々はどこからやってきたのだろうか。

ここに「非等方性」という言葉がある。いかなる物事も均質ではありえないということである。人間の身体でも、指で押してみて気持ちがいい箇所とそうでもない箇所とが存在している。指の触れ方によってそれは自在に変化する。フランスの思想家ロラン・バルトは「非等方性」について次のように書いている。「木に釘を打つ時、打つ場所によって、木は異った抵抗を示す。すなわち、木は等方性を持たないという。テクストもまた等方性を持たない。縁や断層は予測できない。(現代の)物理学がある種の媒質やある種の宇宙の非等方性に順応しなければならないのと同様に、構造分析(意味論)も、テクストのほんの僅かな抵抗やテクストの血管の不規則な配置を認めなければならないだろう[★5]」。

熊野の岩肌を這《は》うように登っていると、なんだかこの「非等方性」という言葉が身にしみてわかってくる。何事も均等化してのっぺりとした平面でしかとらえられない知性には、聖地はその本当の姿を現してはくれない。われわれが触ったり、匂いをかいだり、味わったりするものには、どこにも均質なものはないということだ。この地上のどの場所にも均質なところなどない。アプローチの仕方、歩き方によって、場所はその本性を現したり隠したりする。ちょっとした石が地勢を変化させることだってありうるのだ。場所の本来の姿は地図や写真などでは到底表すことができないのである。とにかく、いかなる先入観をもつこともなく、われわれはその場に「直接」降り立たなければならない。

02 神仏習合

世界遺産「紀伊山地の霊場と参詣道」というと、だいたい総称して「熊野古道」と呼ばれることが多いのだが、そこには熊野三山以外にも、奈良県の吉野・大峯《おおみね》、和歌山県の高野山などが含まれている。そして、日本有数の聖地、伊勢神宮と熊野三山とを結ぶ伊勢路が三重県を縦断しているのだから、もちろんその存在についても無視することはできない。世界遺産とされたのは、そうした異なる信仰（神道、仏教、修験道など）が道によってそれ

高野山から天川へ

ぞれ意味深く結ばれている点を評価されてのことなのである。

たしかに「紀伊山地の霊場と参詣道」はいまでも神仏混淆《こんこう》のメッカで、神道、仏教、道教、修験道など、日本人の宗教を構成するあらゆる要素がそこに混在している。吉野一帯にも金峯山寺《きんぷせんじ》のみならず水分《みくまり》神社や金峯《きんぷ》神社などがあるし、高野山には丹生都比売《にうつひめ》神社がある。奈良の天河大弁財天《てんかわだいべんざいてん》社はまさに神仏混淆の地で、当然のように般若心経《はんにゃしんぎょう》が読まれている。そこには神仏習合というような意識さえ存在していない。そうなると、それらを理解するのに、単に「神仏混淆」とか

「本地垂迹《ほんじすいじやく》」とかいう出来合いの言葉ですませてよいのかどうか。

日本人の宗教というと、まず「あなたは神道か仏教かどちらを信仰するのか」と問われることが多い。「仏教」と答えておけばまずは無難なのだが、「神道」とでも答えようものなら、「いったい神道とはいかなるものか」という説明を求められることになる。そして、それに適切に答えられる人はほとんどいないわけで、いつしか曖昧《あいまい》なまま話題を変えざるをえなくなる。「神仏習合」とか「神仏混淆」とかいうなら、その前に「神道」とは何かを知らなければならない。ところが、これがなかなか一筋縄ではいかないのである。

およそ神道という言葉が最初に文献に現れるのは、『日本書紀』用明《ようめい》天皇の条《くだり》、「天皇は仏法を信じ、神道を尊ぶ」とされている。六世紀終わり頃のことであり、その語の用法はあくまでも仏法との対比においてである。大陸から仏教が入ってきたのに対して、それまでの自分たちの信仰に独自の名前をつける必要が生じ、「神道」という語が選ばれたのである。それに対して仏教は、諸説あるものの、五五二年（欽明《きんめい》天皇十三年）に百済《くだら》の聖明王が使いをよこしたのが最初とされており、その教えも、儀礼も、信仰体系も、神道に比べればはるかに明確にされている。しかし、だからといって仏教伝来についてもよくわかっているというわけではない。
たとえば、欽明天皇十三年を仏教伝来の最初とするのにもそれほど大きな根拠はない。おそらく、もっとはるか以前から仏教は伝来していたはずで、そのことは人びとの間では広く知られていたにちがいない。日本中の山々には山岳修行者、聖《ひじり》、修験、優婆塞《うばそく》らがすでに存在しており、彼らはそれぞれ独自のやり方で修行を続けていたのである。仏教は庶民の間ではかなり以前から徐々に浸透し始めており、しかも、想像するにそれは神道と対立したかたちではなかったのだった。『隋書倭国伝《ずいしょわこくでん》』をひらけば、六世紀にすでに阿蘇信仰が遠く大陸まで知られていたのがわかっている。そこには次のような描写が見られる。★1

阿蘇山あり。その石、故なくして火起り天に接する者、俗以て異となし、因って禱祭《とうさい》を行う。如意宝珠《にょいほうしゅ》あり。その色青く、大いさ雞卵《けいらん》の如く、夜は則ち光あり。いう魚の眼精なりと。

（阿蘇山がある。その石は、故なくて火が起こり天に接するもので、習慣として異となし、よって禱祭を行う。如意宝珠がある。その色は青く、大きさは雞《にわとり》の卵のようで、夜は光をはなつ。

吐生の滝へ

魚の眼精〈めのたま・めだま〉だという）

すなわち、阿蘇では早くから火山信仰が行われていて、のちにそれを中心に山岳信仰の場として阿蘇のカルデラの外縁には古坊中《ふるぼうちゅう》が栄えるようになったのだった。坊中とは僧侶や山岳修行者らが居住する場所で、三十七坊中五十一庵が立ち並ぶ一大霊場として想像を絶する盛況ぶりをみせたのである。

仏教が入る前後の信仰のかたちはいろいろに記載されているが、それらは互いに絡み合いつつ重層的な様相を呈しており、それらを単に「神道」という名のもとに統一して理解するわけにはいかないのである。それゆえに、神道は、それが問題となった当初から仏教とのかかわりにおいてのみ論じられたのであって、それ自体は「祖先崇拝」とか「自然崇拝」とか「アニミズム（霊魂崇拝）」などの言葉の連なりによってしか表現できない信仰の複合体だったのである。

そして、仏教は、日本の固有信仰のさまざまなかたち（とりあえずは、それらを総称して「神道」と呼ぶ）を、「仏教」の枠内に取り込もうとしたのであって、もともと対立的なものではなかった。すでに八世紀には宇佐八幡《うさはちまん》（神道）が東大寺大仏建立（仏教）についての託宣をもたらしている。そして、後に東大寺が大仏建立に協力した宇佐八幡の神を勧《かん》請《じょう》して鎮守（手向山八幡宮《たむけやまはちまんぐう》）ともしている。これを神仏混淆というなら、わが国の宗教は最初から神仏混淆であったというしかない。極論すれば、悪名高い明治の神仏分離令（一八六八年）に至るまで、神仏はともに親しく拝まれてきたのであり、それを受け入れる柔軟な（そして寛容な）知性こそが、この国の宗教をかたちづくってきたのではないかと思う。

われわれは神仏分離令以後の百五十年間において、行政による信仰への介入、つまり、神社合祀《ごうし》（一九〇六年）や神道指令（一九四五年）など、日本の宗教の本質部分を解体しようとする試みによって、次々と精神的拠りどころを奪い去られてきた。自然を愛し、神も仏も同じように（宗派や教義にとらわれず）信じ、つねに祖先とともにあるようなおおらかな宗教風土はいまや絶滅寸前であるともいえよう。

そんなときに「紀伊山地の霊場と参詣道」が世界遺産に登録されたのは、とても偶然とは思えない。それは熊野を中心としたネットワークをもとにして、日本の宗教を見直す機会が与えられたことだと理解してよいのではなかろうか。日本中を旅すると、この列島にはかつての宗教風土がそのまま残されているところをいまだ無数に見出すことができる。九州の阿蘇、国東《くにさき》半島、出雲地方、四国の八十八ヶ所めぐり、六甲山地、奈良の長谷寺《はせでら》、室生寺《むろうじ》周辺、奥三河、日光、湯殿山《ゆどのさん》をはじめとする出羽三山などには、かつての信仰の跡が数多く見出される。そこでは、外来の仏教が土着の神祇《じんぎ》信仰となだらかに一体化していった過程がしばしばみてとれる。実際には、神道から仏教へという変化は、一方を他方が凌駕《りょうが》したというわけではなく、共同体の祭祀に支えられた従来の神祇信仰から私的所有を根本とする氏族社会へと移行するにしたがって、仏教に精神的支柱を求める傾向が強くなったということにすぎない。六世紀頃から両者の融和が促進されていったわけだが、そうやって、興福寺《こうふくじ》は春日大社《かすがたいしゃ》を、延暦寺《えんりやくじ》は日吉《ひよし》（日吉《ひえ》）大社《たいしゃ》を、金剛峯寺《こんごうぶじ》は丹生都比売神社を、東寺《とうじ》は伏見稲荷《ふしみいなり》を鎮守としてもつようになったのである。さらに、長谷寺はその奥の院として瀧蔵《たきのくら》社をもつし、室生寺は背後に鎮座する室生龍穴《むろうりゅうけつ》神社なしには存在しえなかったのである。

そして、そうした神仏の融和を象徴する存在が「紀伊山地の霊場と参詣道」なのだった。二〇〇八年夏のシンポジウムにおいて、熊野本宮大社の九鬼家隆《くきいえたか》宮司も、吉野金峯山寺の田中利典《たなかりてん》宗務総長（当時）も、「神と仏はどう違うのか」という問いに対して、即座に「神と仏は同じものではないか」と答えている。[★2] 十九世紀以降、神道と仏教とを対立概念としてはっきりと区分しようとしたために、逆に日本の固有信仰は大混乱に陥ってしまったのである。

本書では、熊野全体をくまなく探索しつつ、かつての日本の宗教がいかなるものであったのか、改めて検討してみたいと思う。

03

熊野の深部へ

大丹倉

これまで、日本中の聖地をくまなく歩きまわって調査してきた。もちろん、熊野もいく度となく訪れてきた。そして、そこが特別な場所だという認識はずっともっていた。ただし、熊野は謎の多い場所で、長い間どこから手をつけていいのかわからなかった。謎は謎のままおいておきたいという気持ちもあった。ぼくが一般の商業雑誌に書いた最初のエッセイは「熊野本地譚と聖なる表徴」(「詩と思想」一九七三年一月号)と題したものであり、熊野へのこだわりは三十年以上にもなるのだが、当初はあくまでも神話(説話)分析の対象としての熊野だった。★1 それから十年以上経って、一九八〇年代後半には細野晴臣さんと出かけたこともあったし、タナカノリユキさんと一緒だったこともある。それ以来、いく度か熊野をめぐって思索を繰り返してきたわけだが、なぜ熊野なのか、なぜ伊勢や高野山ではなく熊野でなければならないのか、そうした疑問がつねに頭のなかで渦巻いていた。

そもそも熊野に興味をもったきっかけは、一九七〇年に丸山静が「文藝」八月号に載せた「熊野考」という論文である。当時フランスの神話学者ジョルジュ・デュメジルの研究をまとめていたところで、思いもかけず、彼がデュメジルを下地におきながら熊野を論じているのを読んで、すっかり共感してしまったのだった(当時はデュメジルの名を知る者はほとんどいなかった)。「熊野考」はそれまでに書かれたどの熊野本とも違っており、比較宗教学的な見地から、きわめてミスティック(神秘主義的)な熊野が描き出されようとしていたのである(丸山静は一九八七年死去。その後、遺稿がまとめられ『熊野考』と題して出版された[★2])。そこから得られたヒントは数え切れない。ただ、一九七〇年当時ぼくも比較神話学を専攻していたので、最初のエッセイは熊野をめぐるレヴィ=ストロースばりの神話(説話)分析になったのだった。すなわち、室町時代初期の説話集『神道集』所収の熊野本地譚を比較神話学的に読み解こうとしたのである。

その後、ぼくはシカゴ大学の大学院に留学し、そこで『男が女になる病気』を書いた[★3]。古代ギリシア・ローマにおけるイメージの構造分析を行いつつ、当時のギリシア・ローマが世界の中心ではなく、むしろ辺境に属していたということ、および、そこではアリストテレスやヒポクラテスの時代になっても、いまだに「野生の思考」が息づいていた、ということを明らかにしようとしたのだった。それはE・R・ダッズの『ギリシア人と非理性』の延長線上の仕事であり、そしてまた、後のマーティン・バナール『黒いアテナ』と同じ意図をもつ試みでもあった。

そうした紆余曲折《うよきょくせつ》があったにせよ、熊野はつねにぼくの頭を離れることはなかった。そして、宗教人類学、比較神話学、古典学の成果をもとに、もう一度熊野を見つめなおしたいという思いはとぎれることはなかった。しかし、それゆえに、ぼくの「熊野」はこれまで多くの人びとによって描き出されてきた熊野とは違ったものでなければならなかった。これまでのように、熊野本宮大社や熊野速玉大社《くまのはやたまたいしゃ》（新宮）にウェイトを置くというのではない、かといって、那智大社《なちたいしゃ》を重んじるというのでもない。それならば、いったいどこへ行くというのか。熊野三山を除いたら熊野ではなくなってしまうのではないか。しかし、それは単なる思い込みにすぎない。熊野はつねに意外なところにみずからの姿を現すのである。

04 籠もり（incubation）

熊野市の海岸沿いに、伊弉冉尊《いざなみのみこと》が葬られたとされる花《はな》の窟《いわや》と獅子岩がある。国道42号線に面しており、車の通る音が響き渡り、けっしていい環境とはいえないが、それでも、

花の窟

花の窟の社域というか敷地に一歩足を踏み入れると、そこはまったくの別世界である。★1
しばしば経験してきたことだが、その場に入るだけで一瞬にして空気が変わってしまうことがある。沖縄本島や宮古島の御嶽《うたき》とよく似た感覚が甦ってくる。ご神体は磐座《いわくら》といっても、ただの岩ではない。崖一面に広がる巨岩である。いまでも『日本書紀』に記されたそのままの神事（お縄掛け神事）が行われているというが、たしかにもっともプリミティヴなかたちでの信仰形態がいまなお生きているように思われる。
そして、この花の窟をめぐる『日本書紀』（神代巻一書）の以下の記述こそが、熊野が記紀にその姿を現した最初だったのである。

伊弉冉尊、火神（軻遇突智《かぐつち》）を生む時に、灼《や》かれて神退去《かんさ》りましぬ。故《かれ》、紀伊《き》国の熊野の有馬村に葬《はぶ》りまつる。土俗《くにひと》、此の神の魂《みたま》を祭るには、花の時には亦《また》花を以《も》て祭る。又鼓吹幡旗《つづみふえはた》を用《も》て、歌い舞いて祭る。

花の窟には伊弉冉尊の墓所という謂《いわ》れが残されており、ご丁寧にもそのすぐ前には軻遇突智の墓（塚）まである。しかし、そんなことはどうでもいい。ここにはもっと違ったものが隠されている。『古事記』『日本書紀』以前から、すでにここが特別な場所であったことはほぼまちがいない。では、花の窟を特別な場所にしていたものはいったいなんだったのか。熊野には古代の歴史からはみ出てしまうものがいくらでもころがっている。しかも、それならそれで熊野はつねに歴史の外側にあったのかと思えば、それがまったく逆で、もっとも重要な場面になるとたちまち歴史の表面に浮かび上がってくるのである。

丸山静は『熊野考』で次のように書いている。「たとえば、『保元物語《ほうげん》』という本を読んでみる。すると、すぐに次のような記事が出てきて、それが気になりだす。久寿《きゅうじゅ》二年（一一五五年）、熊野に参詣した鳥羽法皇は、『明年の秋のころかならず崩御なるべし。そののち世間手のうらを返すごとくなるべし』という、熊野本宮の託宣をこうむった。果たして、翌保元元年の夏、法皇不豫になり、七月二日に逝くなった★2」。

熊野本宮の託宣？　なぜ、この脈絡で熊野に出番が回ってくるのだろうか。ここで丸山も次のように問うことになる。わが国古代から中世への一大転換、未曾有《みぞう》の内乱の幕が切って落とされる。そんな重要な事件に熊野が「神の託宣」といったひどく神秘的な仕方で介入してくる。そこには何か必然があるのか、と。

そう、熊野は、特別な権力の集中する場所でもなければ、中央から隔離されたただの辺境の地でもなかった。それが伊勢や高野山と一線を画するところである。ここは当初、精神史上もっともプリミティヴな信仰の地にすぎなかった。だが、それゆえに熊野は、逆説的に、日本の歴史のなかで大きな位置を占めるようになったのかもしれない。熊野の語源からして、「隠国《こもりく》」「隈《くま》」なども含めて、「籠もり」の地という響きがあるし、熊野とほぼ同意語とされる「牟婁《むろ》」にも「神奈備《かんなび》の御室《みむろ》」などと呼ばれるように、神霊の籠もる聖なる山や森というニュアンスがこめられている。E・R・ダッズは、古代ギリシア文化の古層に「籠もり」(インキュベーション)の習俗をみたのだが、熊野でも同じようなことが行われていたといえないだろうか。「籠もり」とは、神の加護を求めて寺社などに行き、そこで眠って夢のなかでお告げ(託宣)を得るという行為である。後述するデルフォイとアテネの関係のように、熊野もそれと似たかたちで中央となんらかの強い結びつきをもっていたのではないか。

西郷信綱は、E・R・ダッズに刺激されて、日本文化における「籠もり」の意味について考察している。「incubation とは鳥が卵を抱いて孵化すること、巣ごもることで、夢を得んと聖所に忌みこもって眠ることをも、ギリシャ以来こう呼んでいる。日本古語の『こもる』は、もっと広い意味をもつが、この incubation をも含むものと見ていい」と述べて、崇神紀《すじんき》の次の一節を引用している。★3

此の天皇の御世に、役病多《えやみさわ》に起りて、人民《たみ》死にて尽きんと為《し》き。爾《ここ》に天皇愁い歎きたまいて、神牀《かむどこ》に坐《ま》しし夜、大物主大神《おおものぬしのおおかみ》、御夢《みいめ》に顕れて曰《の》りたまいしく、「是《こ》は我が御心ぞ。故《かれ》、意富多多泥古《おおたたねこ》を以ちて、我が御前を祭らしめたまわば、神の気《け》起らず、国安らかに平らぎなん。」とのりたまいき。

つまり、崇神天皇の代に、疫病が流行《はや》ったので、天皇は「神牀」に坐して夢を見ようとした。すると、「意富多多泥古をして大物主大神を祭れ」との託宣が下され、そのとおり三輪山《みわやま》にこの神を祀ったところ、疫病も治まり天下は平定したというのである。ここで重要なのは、大きな社会不安が起こったとき、天皇が何よりも「特別な場所で」眠りにつき夢から託宣を得ようとした点であろう。花の窟から熊野本宮大社へと向かって車を走らせている間、ずっとそんなことを思い出していた。

その日は、ずっと大斎原《おおゆのはら》で過ごすことになった。大斎原とはもともと熊野本宮のあった場所であり、熊野川、岩田川、音無川という三つの川にはさまれた中州に、いまではとても想像もつかないほど巨大な建築物がつくられていたのだった。一八八九年の熊野川の大洪水で多くのものが失われ、いまでは大斎原にはほとんど何も残されていない。ただ、何もないことが何かを伝えるということもある。

大斎原

地元では「いくら雨が降っても大斎原だけには降らない」「あそこに入ると電波が乱れて、携帯が使えなくなる」というようなことを聞いた。もちろん、いまの大斎原はかつての大斎原とは大きく違っている。上流にはダムもでき、川の流水量にしても天と地の差があるはずだ。それでも、大斎原はやはり大斎原なのである。

05 神地

熊野三山には一九八〇年代を中心に何度も来たことがある。ただし、三重県側の熊野については、ほとんど調査資料でしか知らなかった。一口に熊野古道といっても、奈良・和歌山のイメージが強すぎて、三重側の海にそった伊勢路についてはあまりよくは知られていない。しかし、そこには多くのプリミティヴな信仰の跡が見出されるのである。

その筆頭が熊野市にある大丹倉《おおにぐら》で、さらに、そこへの道筋で偶然に見つかった丹倉《あかぐら》神社には驚かされる。そこは室生《むろう》龍穴《りゅうけつ》神社のご神体がひそむ山奥の龍穴を思わせる

丹倉神社

もので、そこまでのアプローチなどまったく同一といってもよいほどだった。ほとんど訪れる人もないこの神社のご神体は、やはり樹木が絡み、みごとに自然と共生している巨石だった。しかし、その空間にはごとびき岩の何倍も強烈な磁力が働いており、その振動で心が震えるような感じがしてならないのだった。

新宮にある神倉《かみくら》（神倉《かんのくら》）神社のごとびき岩もたしかに特別な力をもった岩（磐《いわ》座《くら》）であることはまちがいない。初めて見た人はみんなびっくりすることだろう。それは熊野速玉大社（新宮）の南方一キロのところにある。もともとそこは神倉

神倉神社の石段

神倉神社

という丘で、ごとびき岩こそ神武天皇の登った「天磐盾《あまのいわたて》」だとも言い伝えられてきた。下の鳥居から、頼朝の寄進によるという五百三十八の石段を登る。びっくりするくらいの急勾配で、「中の地蔵」までくると息が切れる。それから平坦なところを少し行くと、山の中腹に「ごとびき岩」が断崖にそそりたっているのが見えてくる。ごとびき岩とは「ヒキガエル」に似ているからその名がつけられたというが、どう見てもそのかたちから連想されるものは「男根」ではなかろうか。ごとびき岩に抱かれるように祠《ほこら》が建っている。そこからは熊野灘《くまのなだ》が一望のもとに見えるし、むしろ海から見たらそこはかなり重要なランドマークの役割を果たしてきたにちがいない。おそらくそこは陸から見ても海から見ても特別な意味をもつ場所だったのである。

多くの人びとがごとびき岩を特別視する理由もそこにあるのだろうが、この岩がすごいのはたしかだとしても、もっと霊力の強い場所ならいくらでもある。丹倉神社はそんな特別に聖化された場所の一つにまちがいなかった。ご神体にしても、一見したところ、巨石群のまっただなかに鎮座するただの磐座の一つにすぎないように見えるが、それがつくりだす磁場の力もあって、周囲の空気を一変させているのだった。神を感じるとは、何かが

神倉神社

ごとびき岩（神倉神社）

自分のなかに入り込んでくる経験ではないかと思う。自分がマイナスにならないと神の入り込む余地はない。普段のプラスである自分をやめなければならない。
そのためには、いつも思うことだが、話をしない、お願いをしない、触る、温度を感じる、気圧を感じる、湿度を感じる、聴く、匂いを感じる、風を感じる、感覚を開く、そして、目の前のものだけを見ることである。そうしないと何が変化したのか感じとることはできないだろう。
野本寛一は『熊野山海民俗考』において、丹（赤）倉神社について次のように書いている。「赤倉神社は道から下方へ向って五〇段ほどの石段を下ったところにあり、境内には杉の古木が立っていた。そして、その奥に巨大な岩が立ち、それが木もれ陽を受けて異様だった。社殿はなく、拝所として、手向け場があり、（略）岩には注連縄が張られ、白い浜石が手向けられていた。岩かげに朽ちかけた鼎型の釜がころがっており、ここで湯立て神事が行われていたことを語っていた」★1。

大丹倉は修験道の行場の一つ。その中腹には修験者が行をしたという十畳以上の石畳があるし、頂上には高倉剣大明神が祀られており、苔《こけ》むした自然石そのものがご神体とされており、その下に剣が納められているとのことだった。丹という字は「赤」を意味しており、それゆえ丹倉神社は「あかぐら」と読むわけで、倉という字は「断崖絶壁の山」とか「巨大な磐座・磐楯《いわだて》（やや丸みを帯びた岩壁）」を表すことになる。そういうわけだから、大丹倉は、酸化して赤い岩肌が露出した高さ三百メートル、幅五百メートルの大岩壁というわけである。頂上までドライブして岩頭に上がると、そこから先は絶壁でもう足が震えて動かなくなるほどだった。

この大丹倉については『紀伊続風土記』に次のような記述がある。「大丹倉の谷にあり。

大丹倉

熊野市
育生町赤倉
天狗鍛冶屋敷跡
大丹倉
林道赤倉線
穴山関所跡
三ツ滝
丸尾山
県道御浜・北山線
丹倉神社
尾川川
雨滝
長尾山
国道311号線へ

高さ百五十丈許幅八町許赤色の大巌壁なり。谷に臨みて直立す。其壮観実に人の胆を奪う。然れども深く谷に入るに非ざれば其奇絶を見るべからず。小名丹倉其艮《うしとら》の方にあり。後より其巓に登るべし。土人奉崇して丹倉権現と称し産土神とす。申時を過れば懼《おそ》れて登る者なし。婦人月事の者も登る事なし。本村より丹倉への間に遥拝所あり。近藤兵衛という空神を祭るなりといえり」★2。

この一帯には人の入らない神域のような場所がもっとあるにちがいない。熊野市の太郎坊権現や尾鷲《おわせ》市の岩屋堂などもすばらしいが、大丹倉、丹倉神社を見ただけでも十分満足できる。このあたりに多くの修験が籠もって修行に励んだというのも当然だろう。彼らはどこが力の場で、どこが何もない場なのかを肌で理解しているからである。

この周辺で、もう一つ興味深いパワースポットを挙げるならば、神内《こうのうち》神社に尽きるだろう。多くの人が訪れるようになると台無しになりそうなのであまり紹介したくないのだが、そこもまた特別な気配に満ちた場所である★3。

ぼくが神内神社に最初に入ったときは、ちょうど日没間際で雨も降っており、絶好のコンディションだった。まだ車を降りるか降りないかというくらいで、そこが特別な場所だ

太郎坊権現

ということは気配でわかった。入口の鳥居を入ると、右に神武天皇御社の碑があり、石室のような祭壇がある。さらに、左には川が流れており、その水音が高く響き渡っている。細い道が内部まで続いており、そのアプローチはまるで出雲の神魂《かもす》神社に入るときとよく似ている。それだけでいろいろな記憶が甦ってくる。神魂神社は出雲大社の原形とされており、いまでは宮司が一人で守っているだけだが、かつては出雲を代表する重要な神社なのだった。

奥まで歩いて右に曲がると、苔に覆われた巨石群が姿を現し、その前に無数のよだれ掛けが奉納されている。ここは子安信仰でよく知られているのだった。しかし、それは単なる表面的なことであり、ここはもっと「産土」の本意に近いイメージをもつ特別な神域ではないかと想像される。それにしても、ここの磐座はなんという荘厳さをたたえていることか。しかも、ここでは石と樹木がほとんど一体となって何千年も絡み合ってきた様子がうかがえる。どこまでが石でどこからが樹木か、とても区別がつかない。生命のうねりのようなものが伝わってくる。

こういうところに来ると、いかに出来合いの知識が役に立たないかを身にしみて教えられる。たしかに祭神として天忍穂耳尊《あめのおしほみみのみこと》などの名前が挙がっているものの、そんなものにはなんの意味もない。「明細帳」に「当社の義は近石《ちかいし》と申すところに逢初森《あいそめのもり》というのがあり、そこに伊弉諾尊《いざなきのみこと》、伊弉冉尊《いざなみのみこと》、天降らせ一女三男を生み給う、この神を産土神社と崇め奉る、よってこの村の名を神皇地《こうのち》と称す。いつの頃よりか神内《こうのうち》村と改むと言い伝う」とある。つまり、ここは伊弉諾尊、伊弉冉尊が一女三男を産んだ場所だというのである。そこには、この世の諸々のものを生み出した最初の地というようなニュアンスがこめられている。

近くの阪本さんという神内神社の氏子総代の方が教えてくれたのだが、神内神社からすぐ近くに磐座があって、そのかたちはまさに天の岩屋みたいに石が二つに割れて女陰のよ

神内神社

うになっているということだった。そこは地図に「古神殿」と記されており、かつて祭事が行われていたことはまちがいなさそうなのだが、いったいなんのための場所だったのか、いまではまったく見当がつかないというのである。ただ、その内部にまで足を踏み入れてみると、まるで「子宮」のようなその構造からして、ここも「籠もり」（インキュベーション）の場であることがうかがい知れるような気がしてならなかった。おそらく人びとはこの場所で神から下される託宣の声を聞こうとしたのではなかったか。

神内神社は近くの人びとにとっては子安

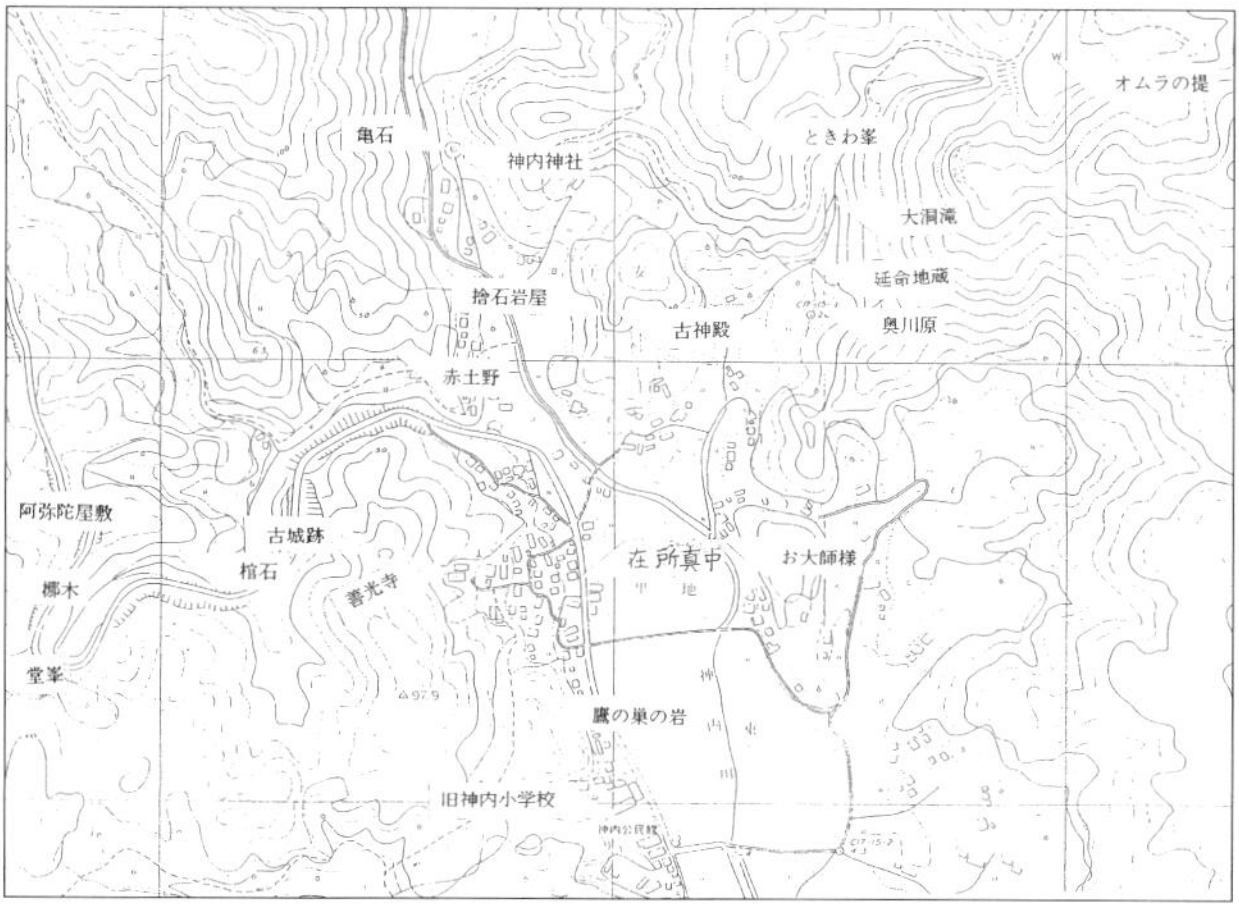

神内神社周辺図（阪本正文氏提供）

の神であり、また、豊漁の神として知られているのだが、それらは後の人びとが勝手に因縁づけたものであって、そんなことを鵜呑みにしてはならない。繰り返すことになるが、こういうところでは、いかなる神を祀るかはあまり問題にならない。丸山静はそれを以下のように表現している。「(熊野のなかにあるなにが花山院《かざん》を惹きつけたのか)もちろん、いますぐに、それに答えることはできない。というより、むしろ、そういう問いを発することによって、私は熊野という問題を発見したところである。修験道とか本地垂迹説についての出来合いの知識を借りてきて、それを解こうとしたりするのは、むしろアベコベのような気がする」★4。

神仏習合、本地垂迹、修験道などの言葉によって物事を理解したつもりになってはいけない。つねに観念が先にあるのではなく、まずはそこで起こった事実を見つめようとしなければならない。観念はすぐに古くなるが、事実は色あせない。人間はいつか死ぬが、人間の残した足跡は永遠に残る。そのためには自分の足で歩きまわらなければならない。何かを媒介にしてはならない。熊野をじかに見ずしては、永遠に熊野を語ることはできないのである。

06

石の力

岩屋堂付近

二〇〇七年二月の調査で見てまわったなかには、熊野市にある大馬《おおま》神社や尾鷲市にある飛鳥《あすか》神社などいくつも興味深い場所があったし、先ほどちょっと触れたように太郎坊権現や岩屋堂のような場所もまた無視できない。大馬神社では清らかな水の音が響き渡り、そこが特別な地であることを直観させるし、飛鳥神社は海際にありながら信じられないほどの巨大な樹叢《じゅそう》に恵まれていた。ただし、ここでは、それらについて個々に論じるよりも、熊野とはいったい何かという最初の問いかけに戻りたい。

熊野をかたちづくる、その核心部分とは何か。それは、一般にいわれるような「死者の魂の集まるところ」「死者の国」ではなく、むしろその正反対の、「万物を生み出す力」なのではなかろうか。人は生き、そして、死ぬ。熊野にいるだけで、われわれは、いつまでも巨大な子宮の内部に包まれているような印象を受ける。そう、ここでは石は子宮の比喩であり、万物の始まりを象徴しているのである。

そして、熊野信仰は、ごとびき岩の下から銅鐸《どうたく》の破片や祭祀の用具が見つかったことでもわかるとおり、その歴史は神武東征以前、およそ三千年以前にまで遡《さかのぼ》る可能性がある。ここは、まだ日本がはっきりとした国家のかたちをとる前から、多くの人びとが何かを感じて集まり祈りを捧げた特別な場所だったのであろう。その痕跡がいろいろなところに見え隠れしている。『古事記』『日本書紀』どころか、仏教が入るずっと以前から、霊的な地として多くの信仰を集めていたにちがいない。

野本寛一も次のように書いている。「『神倉』という名称も、本来は『神座』で、神の依る磐座《いわくら》たるゴトビキ岩を核とした山の呼称である。神倉山第二経塚から大小二十二個の袈《け》裟襷《さだすき》文《もん》銅鐸片が出土するなどこの一帯が古来聖なる祭祀場であったことはまちがいない」。このごとびき岩は熊野酸性火成岩なのだが、彼は、『日本書紀』の神武天皇の項にある「遂に狭野《さの》を越えて、熊野の神邑《みわのむら》に到り、且《すなわ》ち天磐盾に登る」という記述に見える「天磐盾」を、ごとびき岩そのものか、またはそれを含む神倉山一帯だとする見方が根強いと付け加えている。★1 たしかにごとびき岩は視覚的にも「天磐盾」にふさわしい威容を誇っている。

そもそも石が万物の根源であるとは拙著『聖地の想像力』においてしばしば論及したことでもある。そして、聖地は一センチも移動しないということも、そこであわせて強調したのだった。特にそういう場所にある岩（磐座）には特別な磁力をもったものが多数あり、それらによって、通常とは異なる磁場が形成されることになる。うまく説明はできないが、「石」そのものにそういう力がひそんでいるのである。
たとえば、オハイオ州サーペント・マウンドの例が興味深い。サーペント・マウンドは、地質の深い部分が地震か隕石の作用によって地表に押し出された形状を示している。そこだけが周囲とは地質的構成が異なっている。地表に現れた部分六キロ四方はもともと地中深くにあった基岩層からなり、それと同じタイプの岩は周辺のどの地域からも見つかっていないという。[★2]
そこはアメリカ・インディアンがつくりあげた聖地で、いまから二千年以上前に「アデナ文化あるいはホープウェル文化の人びとが、粘土と石の基盤の上に黄色の粘土を盛り上げ、口に卵をくわえた蛇（サーペント）をつくった」のだった。[★3]
そうしたことを加味すると、聖地は、海と陸が出会うその境界線上とか、隕石の落下によってできた場所とか、さらに、火山活動によって隆起した地層などがメルクマール（目印）となることが多い。そういう場所では柱状節理、方状節理などのように、岩盤にも特別な形状が残されている。いずれにしろ、花崗岩《かこうがん》の隆起、隕石の落下、火山活動といった宇宙的な出来事は、通常では顧みられることのない意識の深層を刺激するのである。われわれがこの大きな宇宙の一部分をなす存在であるという認識ほど、われわれの心に響くものはない。そこには夜空の星座群に対する喜びの感情や畏怖《いふ》の念とまったく同じ意味が含まれているのではなかろうか。

もともと聖域のシンボルとして以下のような区分けが考えられる。[★4]

①神籬《ひもろぎ》
②磐座《いわくら》
③磐境《いわさか》
④神奈備《かんなび》
⑤社《もり》（神社）

もちろん、①から⑤へと進化していくことになるわけだが、それらのいくつかは同時に存在することもある。以下、簡単に説明を加えてみよう。神籬は「神事をとりおこなう際、臨時に神を招請するため、室内や庭に立てた榊《さかき》。しめ縄を張って神聖なところとする。古くは、祭りなどの際に、周囲に常磐木《ときわぎ》を植えて神座とした場所」を指している。[★5] 磐座はそこが聖域であることを示す特別な石または石組みのことであり、磐境はその規模が大きくなったもので、特に大きな石組みによって特徴づけられる。神奈備は神《かみ》座《くら》の山や丘を指す。社《もり》についてはご存知のとおり。そこには祀る側の人間の意思が反映されることになる。

それらの場所において、古来、人びとは祈りを捧げ、祭事を執り行ってきた。しかし、そもそもは何もないところに結界をつくって神を下ろすのが祭事の始まりであって、磐座はそのための目印だったのではないかと思われる。後になって目印そのものをご神体としたり、そこに

岩屋堂付近

社殿をつくって特別な礼拝所として、人びとが恒常的に祈りを捧げる場所としたのであろう。

祭場の推移を示唆する遺跡については、福岡県宗像《むなかた》郡沖ノ島の祭祀遺跡などいくつか知られているが、簡単にいうと、山中の巨岩（磐座）そのものへの信仰から、次第に祭場が分離して、困難な岩場から通いやすい平地へと場所を移してきた経緯が読みとれよう。カミ観念の発展と祀り場の変遷との間には密接な相関関係がある。このことは沖ノ島の祭祀遺跡の場合のみならず、かなり広範囲にみられる現象であり、たとえば、奈良県天川《てんかわ》村の山上《さんじょう》ヶ岳《たけ》（一七一九メートル。大峯山《おおみねさん》または金峯山《きんぷせん》と呼ばれることもある）の山頂祭祀によって形成された遺跡の場合にも当てはまる。崇拝対象が「竜（龍）ノ口」という岩の裂け目から蔵王権現に移るとともに、小さな社を経て山上蔵王堂が拡張されていくさまが、考古学調査によって明らかにされている。

橿原考古学研究所の発掘調査によれば、山頂遺跡の形成過程は大きく六つの段階に分けられることになる。★6

第一段階は奈良時代後末期で、大峯山寺《おおみねさんじ》の内々陣にあるとされる「竜ノ口」と呼ばれる

大峯山頂遺跡の変遷

時代	建築物などの変遷	護摩などの状況	備　考
奈良時代前期	（遺構未確認）		役行者の開基伝承
奈良時代後末期	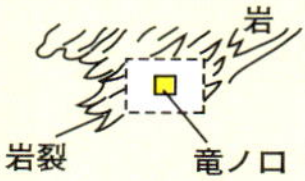	竜ノ口周辺で護摩。建物はまだここにはない。	広達・報恩の入山
平安時代初期	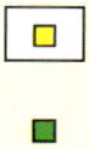	竜ノ口に建物ができる。固定した護摩壇。	空海の入山(791)？ 聖宗の入山(898) 宇多上皇の入山(900) 宇多上皇の入山(904) 日蔵(道賢)の入山(916)
平安時代中期		子守社あり。本堂もある。 この頃に頂上に堂が多く建てられる。 建物が大きくなる。 鎌倉時代初期までに西側に石垣ができる。 護摩壇は埋められる。	御岳詣の風習が『枕草子』に出る(990頃) 道長の入山決心(998) 道長の入山(1007) 頼通の入山(1049) 師通の入山(1088、1090)
平安時代中期後半以降	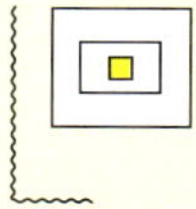		白河法皇の入山(1092)
鎌倉時代から江戸時代初期		山上の勤事が固定的になる。 山上に36坊あった。	本堂の再興修復に着手(1524)
江戸時代初期以降	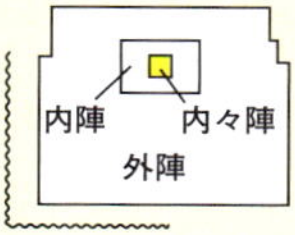	元和年間の木食上人の再建をうけて、元禄年間に大造成のうえ、現存の本堂をつくる。	

菅谷文則「熊野と大峯信仰」（和田萃編『熊野権現』筑摩書房、1988年）より作成

岩裂を対象とする祭祀が開始され、護摩が焚《た》かれるようになるが、建物はなく、自然のままの景観が維持されている。

第二段階は平安時代初期で、「竜ノ口」に建物が創建され、その前に護摩壇が設置される。

第三段階は平安時代中期で、護摩壇が埋められ、南側の湧出岩周辺に経塚が造営される。

第四段階は平安時代中期後半以降で、山上蔵王堂が拡張されて大きくなり、鎌倉時代初期までに西側に石垣が積まれる。

第五段階は鎌倉時代以降で、蔵王堂の祭祀が確立し、山上に三十六の宿坊が営まれることになる。

第六段階は江戸時代初期以降で、蔵王堂が改修されて、現在のような山上伽藍《がらん》が形成されることになったのである。

つまり、もともとは「竜ノ口」という岩裂が信仰の対象となっており、そこで祭祀が執り行われていたのだが、そこに社がつくられるとともに護摩壇が置かれ、時を経るにしたがい、行場としての性格を確立していったわけである。崇拝対象が「竜ノ口」から蔵王権現に移るとともに、いよいよ山上蔵王堂が拡張されていく。時枝務は、それについて、以下のように述べている。「蔵王権現が顕在化した一一世紀が大峰山の山岳宗教にとって大きな画期であったことはまちがいない。蔵王権現が修験道独自の神格であり、その崇拝者が修験者であると考えてよいとすれば、一一世紀こそは修験道が成立した時期と判断できるのである[★7]」。

では、そもそも「竜ノ口」とは何かということになるのだが、その背景に水神（水分《みくまり》）信仰があることはまちがいないように思われる。「竜（龍）」という語はその一つの表れではないか。久保田展弘は次のように書く。「吉野山はそもそも水神を祀る聖域であった。そして金峯山の信仰が、吉野川の水源を司る青根ヶ峰における水分神に発するのだとすれば、この金峯山の山上であるところの山上ヶ岳一帯は、水神の支配する境域と言っていい。したがって、現在の大峯山寺の湧出岩に現われた蔵王権現は、当然のことながら水神信仰のなかから生れた尊格と考えてよいのではないかと思う。山上を山駈けする行者に言い習わされているのは、大峯山寺の金剛蔵王権現像の須弥壇下にあるという〈龍穴〉と呼ばれる井戸を決して覗いてはならないという掟であった。奥駈け数度という山伏達は、いつも

金峯山寺

井戸を覗いた者は必ず死ぬか眼がつぶれると、真顔で言うのだった[★8]」。

水源が特別な聖地となるのは万国共通のことで、そこはすべての生命の発端として昔から多くの人びとによって尊び祀られてきたのである。室生寺における室生《むろう》龍穴《りゅうけつ》、長谷寺における瀧蔵《たきのくら》、日光東照宮に対する瀧《たきの》尾《お》など、その例は枚挙に遑《いとま》がない。

しかし、万物は移り変わる。水はつねに同じところを流れる

とはかぎらない。森がいつまでもそのままの姿を保つともかぎらない。そうなると、そこに残されるのはただ石のみということになる。聖地を研究するうえで磐座がもっとも重要だとする理由もそこにある。ただ、すべての石が特別な意味をもっているわけではないということもたしかなことで、われわれはその石の形状をよく理解しつつ、人びとの信仰がたどった跡をつきとめていかなければならない。

07 熊野古道

いわゆる熊野三山へと至る行程には大まかに分けて三つの道筋がある。紀伊路と伊勢路と吉野・大峯からの山越えルートである。紀伊路は、大阪から田辺まで南下して、そこからさらに海岸沿いを南下して那智に至る大辺路《おおへち》と、田辺から山中に入り本宮に至る中辺路《なかへち》とに分かれる。伊勢路は伊勢から紀伊半島の東側を海岸沿いに下り、熊野川を渡って新宮に至る道筋で、比較的困難の少ない参詣道であったようである。そして、吉野大峯奥駈《おくがけ》修行で有名な三つ目のルートは修験の修行のための道で、もっとも険しい山中を本宮まで一気に南下することになる。さらに、高野山から本宮に向かう小辺路《こへち》や、那智から本宮に至る雲取越えを含めると、いわゆる熊野古道と呼ばれるものはいくつもの網の目のような経路から成り立っているのがわかる。

そもそも「紀伊山地の霊場と参詣道」というネーミングについてだが、たしかに熊野古道は熊野参詣道だし、高野山の町石道《ちょういしみち》も参詣道なのだが、吉野大峯奥駈道は正確には参詣道ではない。奥駈道の歩き方は、熊野から吉野へ歩くのを順の峯、「順峯修行」、吉野から熊野へ歩くのを逆の峯、「逆峯修行」というように、それは現在でも宗教的な修行のために重要な役割を果たしている。それをすべて参詣道とひとくくりにするわけにはいかないだろう。「紀伊山地の霊場と参詣道」は、熊野古道、高野山の町石道、それから大峯奥駈道の三つの道が、熊野三山（神道）、高野山（真言密教）、吉野・大峯（修験道）という三つの異なる宗教の霊場を結んでいるという点で世界遺産登録されたわけだが、あまりにも

大峯へ

熊野古道のイメージが強すぎるかもしれない。広い意味での「熊野」は紀伊半島の南側一帯の広大な地域を指しているのだが、一般には、熊野本宮大社、熊野速玉大社、熊野那智大社がある地域を中心にとらえられている。そして「紀伊山地の霊場と参詣道」「熊野古道」といえばどうしても中辺路が想起されることになる。

たしかに中辺路にも興味深い場所はいくらでもある。たとえば、熊野古道のなかでもっとも有名な場所の一つが滝尻《たきじり》王子で、ここからいよいよ熊野の神域に入るという緊張感も手伝って、どうしても注目を浴びる場所となる。いまから二十年ほど前、中辺路ではこのあたりがもっともおもしろいと見当をつけて入ったことがあるのだが、期待は裏切られなかった。滝尻王子は、田辺方面から中辺路を入ってすぐのところで、幹線道路からもそれほど奥まっていない場所にあるのに、社の背後の急勾配の道を上がっていくにつれて、一気に野生の気配が押し寄せてくる。予想どおりすぐに大きな岩が見えてくる。それは女陰を想像させるかなり特徴的な岩なのだが、特に名前はないとのことだった。そこからの道はいわゆる木の根道で、京都の鞍馬《くらま》でもおなじみだが、広く岩盤が支配しているため、木の根が地表に浮いてしまっているのだった。それもやはり特別な場所の特徴の一つである。そこを過ぎてさらに急斜面を登っていくと、またもや大きな岩に出会うことになる。それが胎内めぐりの大岩で、さすがにそう言い伝えられているだけあって、内部に入ると一瞬不思議な感覚に包まれる。

そして、さらに進むと、まもなく乳岩に到着する。そこは奥州藤原秀衡《ひでひら》夫婦が懐妊のお礼に熊野に詣《もう》でたとき、ここで急に産気づき男児を出産した場所で、熊野の神のお告げにしたがって、その岩の下に赤子を置いてそのまま参詣したと伝えられる。戻ってみると、赤子は岩から滴る乳を飲み、狼に守られていたという。ここには熊野本地譚に出てくる、首を斬られた母親の乳を飲み、虎に守られて育つという常ならぬ育ち方をする王子の話と同じモチーフが繰り返されているわけで、熊野の功徳を語るにはもってこいのエピソードだったにちがいない。そして、実際、そこからさらに登った不寝《ねず》王子跡までの一帯には、いまでも不思議な気配が残されている。

いまや熊野古道といえば、和歌山側のこの中辺路がもっとも有名で、平安時代の上皇や貴族たちのほとんどはこの経路をたどったわけだし、中世以降は公式ルートとしても定着していったのである。

しかしながら、それ以前は、熊野詣の道といえば、伊勢神宮から尾鷲を通り、熊野川を渡って、新宮に至るおよそ百三十キロの伊勢路を指していたのである。途中花《はな》の窟《いわや》から本宮に至る道筋（本宮道）を入ることもあったが、こちらもとても楽とはいえない道のりなのだった。

伊勢路では、紀伊長島から船を使えば、新宮まで歩いて三、四日かかるところを一日で到着できるということで、つい乗ってしまう者もいたようだった。だが、経験するとわかることとなのだが、ひとたび外海に漕ぎ出すとそこはとんでもない荒海で、死ぬほどの恐怖を味わうことになる。江戸後期の旅行記『西国道中記』にも、「船あれども波荒き故必ず乗るべからず」と記されている。伊勢路は、近年ようやく見直されることが多くなったが、この道中記によれば、百三十キロの行程でも七日前後はかかっているようで、そんなに楽な経路でもなかったようだ。

さらに、大辺路は、田辺から那智までの九十キロほどの行程を海に沿って歩くわけだが、枯木灘から串本にかけての荒涼とした風景は果たして人の心を和ませたかどうか。

そうして、いずれの道筋を経たにせよ最後にはいよいよ本宮へと向かうわけだが、かつて本宮があった大斎原《おおゆのはら》に着くには、最後に徒歩で音無川を渡らなければならなかった。その音無川こそが本宮に臨む最後の禊場であって、そこを徒歩で渡り、そのまま社殿にお参りし、さらに、夜になって改めて参拝するのが作法であった。また、その後、新宮、那智と巡拝し、再び本宮に戻って、熊野の御神符である「牛玉宝印《ごおうほういん》」と道中の護符である「梛《なぎ》の葉」をいただいて帰るのである。

平安後期の歌謡集『梁塵秘抄《りょうじんひしょう》』には、「熊野へ参るには　紀路と伊勢路のどれ近し　どれ遠し　広大慈悲の道なれば　紀路も伊勢路も遠からず」と詠まれているが、どちらのコ

大門坂

ースを歩くにせよ、いずれも困難を極めたことはたしかで、道中での悪戦苦闘ぶりは、「嶮岨遠路、暁より食せず無力、極めて術なし」などと藤原定家の『後鳥羽院熊野御幸記』でもつぶさに語られている。

そもそも『扶桑略記《ふそうりやつき》』の記録によれば、上皇、法皇で最初に熊野御幸を行ったのは、九〇七年（延喜七年）の宇多《うだ》法皇とされている。九九二年の花山法皇の熊野参籠以後、院政期には爆発的な流行となり、鳥羽上皇の二十一回、後白河上皇の三十四回、後鳥羽上皇の二十八回というとんでもない数字を記録し、それは一二八一年の亀山上皇による参詣まで続いたのだった。いったいどうしてそんな異常な事態になったのか。

それに対して、一般民衆による熊野詣がもっとも盛んになるのは室町末期（十五世紀後半）のことで、いわゆる「蟻の熊野詣」と呼ばれるようになったのはこの時期のことを指している。ところが、十六世紀に入ると一転して熊野詣は衰退し始め、お伊勢参りがそれに取って代わるようになる。『熊野年代記』によれば、一八二七年には熊野参拝者は一万二千人程度、同じ時期の伊勢参拝者は二十万〜四十万人もいたというから、その凋落《ちようらく》ぶりはかなりのものである。[★1] では、なぜ熊野詣は衰退したのか。

もともと熊野は山岳修行者の入峯修行の地であったのが、平安末期に浄土信仰が広まっていくにつれて、阿弥陀の浄土として多くの人びとを呼び寄せるようになった。それが伊勢に取って代わられたのにはいくつかの理由が考えられる。あくまでも伊勢の地の利が大きかったこと、当時の伊勢は神仏混淆の社であって、熊野と同じくあらゆる人びとを受け入れたこと、それに経済的社会的事情なども合わさって、あえて熊野まで困難な道筋をたどる必要をなくさせたのだろう。伊勢が熊野をまねて御師《おんし》（熊野では「御師《おし》」という）を使って全国から参拝者を集めたことも大きく影響しているかもしれない。★2

もっとも、あれほど不便で艱難辛苦《かんなんしんく》の旅を強いられる熊野への旅が隆盛を極めたということのほうが異常なのであって、伊勢という交通の要衝に新しい巡礼の地を見出したのは、当然の成り行きといってもよかったのである。「熊野詣」が歴史上ごくまれな現象なのであるということを、まず肝に銘じなければならないだろう。ただし、熊野詣もただ衰退したというのではなく、庶民による西国三十三所観音巡礼のなかに包摂されていったとも考えられるだろう。★3ここにもいつしか神仏分離の大きな波が押し寄せてきていたのである。

08

花山院

これまで天皇が熊野本宮大社を訪れたことはただの一度もなかった。なぜ、歴代の天皇は一度も熊野に足を運ぶことがなかったのか。いや、それよりもなぜ上皇がここにやってくるようになったのか？　そちらのほうをまず問題とするべきだろう。

すでに述べたように、この地のおもしろさはつねに日本の歴史上の権力中枢と対抗勢力的にかかわってきた点であり、神秘的な力の源泉とされてきたことである。そうなると、おそらく熊野詣の流行は天皇権力の強化と切り離して考えることはできないかもしれない。というのも、白河上皇の院政期に天皇家の力は絶頂期を迎えており、やがて台頭してくる武家勢力に押されてその力は急速に弱まっていくことになるのだが、そこで熊野のもつ特別な力が必要とされたとも考えられるからである。上皇による熊野御幸は、そうした宗教的で神秘的な力の獲得を目指したものともいえるだろう。

それにしても、熊野御幸（参籠）というとすぐに花山院の名が思い浮かぶが、これほど強烈な個性をもった天皇、上皇は他には見当たらないのではなかろうか。何しろ彼は即位式のときに、それに奉仕する女官・馬内侍《うまのないし》を、いきなり玉座のなかへと引き入れて犯したといわれている（『江談抄《ごうだんしょう》』）。花山院は精神に異常をきたしていたとされている冷泉《れいぜい》天皇の子であるが、それどころではない。『大鏡《おおかがみ》』にもその行状について書かれているが、「冷泉院の狂いよりも花山院の狂いぶりのほうが始末に悪い」と源俊賢《としかた》が藤原道長に語ったというエピソードもある。冷泉天皇は若いころから奇行が多いことで有名だったが、それよりも花山院の狂いぶりのほうが桁外れだったというのである。

花山院は、十七歳で天皇位につき、十九歳で出家し、四十一歳で亡くなっている。その逸話は異常の一言につきる。彼は、九八六年六月二十二日、十九歳の折、ひそかに宮中を脱け出し、徒歩で山科《やましな》の元慶寺《がんぎょうじ》におもむき、あっさり天皇の地位を捨てて剃髪《ていはつ》してしまったのだが、つまり、十七歳で天皇の位につき、わずか二年足らずで退位したことになる。花山天皇の出家には、さまざまな政治的謀略の匂いも感じられるが、そもそもは寵愛していた弘徽殿《こきでん》の女御《にょうご》が十七歳にして早世してしまったことが大きく影響したようである。右

青岸渡寺（那智山）

大臣の藤原兼家は、自分の孫にあたる一条天皇を位につけたいために、花山天皇の悲嘆を利用して彼に出家をそそのかしたのである。しかし、十七歳で天皇の位につき、二年もしないうちにこの世のすべてを放棄することになった人間のその後の人生とはいかなるものだったのか。

花山院は、当初比叡山《ひえいざん》に上って仏道を修行していたが、その後、熊野の那智の滝近くで修行を積んだといわれている。

そこで彼が求めたものはいったいなんだったのか。澁澤龍彦は、花山院について、「ともあれ、その狂気、その奇行、その好色乱倫、その風流、そのひたむきな仏

道修行、すべてが院をして、いわば天皇以上に天皇らしい一つの無垢な人格の具現者たらしめるのに十分なのである」と述べている。[★1]

　それにしても、彼の好色癖と数々の奇行はまったく常軌を逸していた。仏道修行のために熊野におもむき、戻ると実の叔母との間で関係を結び、彼女に飽きると弟に譲るという無頼さ。さらに、女から女へと愛欲生活を続け、御所の侍女（自分の乳母《めのと》だった女の娘）とその娘にも手をつけ、同時に懐妊させるというご乱行。女性のことで誤解を受け、藤原伊《これ》周《ちか》に矢を射られる事件をも引き起こしている。

　そんな彼がなぜそれほどまで熊野に惹かれたのか。何より興味深いのは、彼が真摯な仏道修行と同時にとんでもない淫乱な行為をなんの矛盾もなく行ってきたことである。いや、「なんの矛盾もなく」というのはいいすぎかもしれない。

世の中はみな仏なり　おしなべて　何れの物とわくぞはかなき

（すべての人はみな仏だから、どんな女性と何をしてもかまわない）

これも天台本覚論の一つの帰結といえるのかどうか。★2 おそらく人間にとっての最大の不幸は、何も得られなかった人生ではなく、だれにも手に入らないものを手に入れながら、そこから引きずりおろされて二度と復活できないまま不遇のうちに死ぬことではなかったか。喜びは知らなければ喜びではない。悲しみもそう意識しないで過ごせれば悲しみではない。彼がどうにも自分の身を処せなかったのは、最大の幸福と最大の不幸とをほぼ同時に味わってしまったからではないか、そう想像されてならないのである。

09 小栗判官

熊野詣が盛んになった背景にはいくつもの「物語」が必要であった。この地でいかなるご利益があったのか、いかなる奇跡が引き起こされたのか。多くの人びとがそれを待ち望んだことから、熊野をめぐるさまざまな説経節（仏教的な説話を興行的に語って聞かせるもの）

が日本中に広まっていくことになる。なかでも小栗判官《おぐりはんがん》が湯の峰温泉のつぼ湯で蘇生したというエピソードほど人気を博した物語は他にはないだろう。

「小栗判官」のストーリーは以下のとおり。★1

(1)三条高倉の大納言兼家の嫡子、小栗判官は、七十二人の妻を娶《めと》るも満足せず、鞍馬詣の途中で深泥池《みどろ》の大蛇の化身と契りを結んだため、天変地異が起こり、常陸《ひたち》国へと流される。まず、ここで小栗の人間離れした精力の強さが示される。とにかく普通の女性ではとても彼に太刀打ちできないのである。

(2)流された常陸国で、小栗は旅商人から相模の郡代の末娘、照手姫《てるてひめ》の美しさを教えられ、押しかけて契りを結んだため、照手姫の父や兄弟によって毒を盛られ殺されてしまう。ここでも注目すべきは小栗の精力絶倫ぶりで、どうしても照手姫を手に入れようとする異常ともいうべき人間性が浮かび上がってくる。

(3)小栗の従者らは火葬にされるが、小栗だけは土葬にされ、照手姫も相模川に沈められてしまう。この土葬というのが後になって小栗だけが蘇生する伏線となる。照手姫もその運命を哀れに思った男たちに助けられるが、悪人の手によって彼女は美濃国の宿

湯の峰温泉

場にあるよろず屋で水仕女《みずしめ》（下働き）として過酷な労働に耐えさせられることになる。

(4)地獄に落ちた小栗は、閻魔大王の寛大な裁きにより、娑婆へと戻されることになる。地上に蘇生した小栗の姿はみるも無惨に変わり果てていたが、そこで出会ったのが藤沢の上人（時宗の遊行《ゆぎょう》上人呑海《どんかい》のことか）である。小栗を見ると「熊野本宮湯の峯に御入れあって給われや」と閻魔大王の書がかけられていたので、彼を「餓鬼阿弥《がきあみ》」と名づけて、土車に乗せ、そこに「この車を一度引いたものは千僧供養、二度引いたものは万僧供養」と一筆書き加えたのだった。

(5)そうして小栗は、功徳を積もうとする多くの人びとの手によって、熊野の湯の峯へと運ばれていく。水仕女に身を落としていた照手姫もわが夫とは知らずに近江国大津あたりまで牽引することになる。照手姫は美濃に戻るとき、餓鬼姿の小栗の胸札に「熊野本宮湯の峯にお入りあり、病本復するならば、必ず下向には一夜の宿を参らすべし」と書きのこす。

(6)こうして湯の峯にたどり着いて、「つぼ湯」に入れられると、熊野権現のご利益か、なんと小栗は四十九日でもとの姿に戻ったのだった。つぼ湯は簡単に板で囲いをした

川床にある湯で、湯船にはせいぜい二人しか入れない小さな共同湯で、いまでもその
まま残されている（もちろん入ることもできる）。
(7)その後、回復した小栗は、胸札に書かれた添え書きをもとに美濃を訪ねて、そこで彼
女が照手姫だと知り、二人は結ばれ、小栗は八十三歳まで生きて大往生を遂げること
になる。
この物語が広く普及したのには、その背景に「浄不浄をきらわず」という熊野信仰の真
髄がよく表されているからだといえよう。それでなくとも、小栗の精力絶倫ぶり、照手姫
とのロマンス、閻魔大王、餓鬼阿弥、供養、死と再生、熊野の霊験、つぼ湯の奇跡など、
読み物としても奇想天外のおもしろさを兼ね備えており、その流行により、熊野と「小栗
判官」とは切り離すことができない関係となっていったのである。
この「浄不浄をきらわず」という点において、「小栗判官」と並んでよく引き合いに出
されるのが、和泉式部《いずみしきぶ》の熊野詣のエピソードである。彼女は伏拝《ふしおがみ》王子付近にやってきた
ところで月の障り（生理）になってしまい、これではせっかく来たのに本宮参拝もままな
らぬと次のような歌を詠んだ。★2

晴れやらぬ　身のうきくものたなびきて　月の障りとなるぞ悲しき

（せっかくここまで来たのに、こんなところで月の障りにあってしまうなんて）

ところが、その夜に熊野権現が夢に現れて、次のように告げたという。

もろともに　塵《ちり》に交わる神なれば　月の障りもなにか苦しき

（もともと世俗と交わる神であればこそ、月の障りなどまったくかまいませんよ）

その託宣を得た和泉式部は無事に本宮参拝を果たすことになる。和泉式部をめぐるエピソードは京都・貴船《きぶね》をはじめとして諸国に伝えられているが、このエピソードも熊野比丘《びく》尼《に》や修験らの手によって、熊野の「霊験あらたかさ」および「浄不浄をきらわず受け入れる懐の広さ」を物語るものとして全国に広められていったのだった。

まさに小栗の物語も「いかなる病に伏せる人も受け入れる」という点で、多くの人びとを惹きつけることになったのだが、当然のことながら、小栗の餓鬼阿弥にはハンセン病患者の姿を重ね合わせてみられることが多く（それこそ熊野のもっとも大事なポイントであったにもかかわらず）、後の時代になると、熊野の人びとにとってその物語を忌避する傾向が生まれ、神仏習合の解体とも軌を一にして、次第に語られることが少なくなっていったのだった。

それでも、中世から近世にかけてその影響力ははなはだしく、熊野信仰が全国に広がっていくきっかけとなったことだけはまちがいなかろう。

そして、奇しくも、この小栗判官と照

つぼ湯（湯の峰温泉）

手姫の物語を日本中に広めたのは、一遍上人が開いた浄土教の一派・時宗の人びとの手によってであった。ここにも神道説話と仏教諸派との強い結びつきがみられるのである。

10 一遍上人

南北朝以降、熊野信仰を全国に伝えたのは神道でも修験道でもなく、一遍が始めた時宗という仏教の一派だった。そこにも熊野特有のミスティシズムがかかわっている。一遍の熊野における覚醒体験というか夢のお告げがなければ、時宗の融通念仏《ゆうずうねんぶつ》のその後の爆発的な流行も起こらなかったであろう。

一遍上人は一二三九年、伊予国の豪族・河野家に生まれ、十歳で出家するも、いったん還俗し、三十三歳で再び出家する。そのあたりの経緯についてはともかく、三十六歳のときに三人の女性を連れて伊予を出ることになった事情についてはどうしても無視することはできない。『一遍聖絵』(『一遍上人絵伝』)に描かれている二人の女性は妻であり、娘だと思われる。そもそも浄土真宗の蓮如は五人の妻をもち、二十七人の子をもうけたことが知られているが、高僧と呼ばれる人ほど異常な精力をもて余したことはご存知のとおりである。一遍の場合も例外ではなかったのだろう。ただし、一遍が二人の妻をもったこと自体は、当時それほど道を外れた行いでもなかったかもしれないが、五来重《ごらいしげる》は「そのために人の遺恨を買う所行があっただろう」と推測している。★1 おそらく痴情怨恨の類《たぐい》でちょっとした騒動にまで発展したのかもしれない。

一遍上人ら一行は、それをきっかけにして、融通念仏の聖《ひじり》として「南無阿弥陀仏」と書かれた念仏札を配って人びとに念仏を勧める旅を始めたのだった。

彼らは高野山を経て熊野本宮に向かおうとするのだが、その途中で出会った僧に念仏札を渡そうとして、断られる。一遍らにとってそんなことは初めての経験だったので、「信心が起こらなくてもけっこうだからお札を受けとってくれ」と強引に手渡ししてしまう。しかし、果たしてそれでよかったのかどうか迷いつつ熊野本宮にたどり着くと、証誠殿《しょうじょうでん》で次のような託宣を得る。「融通念仏を勧める聖よ、なぜそんなやり方をするのか。衆生はあなたの手によって往生するのではなく、すでに阿弥陀仏によってそうなる定めになっている。信不信をえらばず、浄不浄をきらわず、その札を配るべし」と。

このことは日本の浄土信仰に大きな転換をもたらした事件でもあった。「衆生はすでに阿弥陀仏によって往生することが決まっている」という教えは、もともと天台の本覚思想に基づいた考え方であったが、改めて「お前が念仏を唱えさせたからその人間が往生するわけではない」と諭されて、一遍は自分の誤りに気づいたのだった。それ以来、「信不信をえらばず、浄不浄をきらわず」は時宗の合言葉ともなったのである。こうして、時宗はその教えの素直さと「踊り念仏」という人と神仏との間の境をも乗り越えようとする姿勢とによって、ついには一世を風靡《ふうび》することになったのだった。

一遍は一二八九年に五十一歳で亡くなるのだが、その生涯は一切何も所有せず歩き続けるというもので、自分では寺ももたず、すべてを捨てきったみごとな往生だったと伝えられている。時宗では、一遍が熊野本宮で託宣を得た年を特別に一遍成道の年として祝っているし、大斎原《おおゆのはら》には一遍を記念する「南無阿弥陀仏」と彫られた石碑が残されている。

11 熊野の託宣

いったい熊野のどこにそんな大きな力がひそんでいるのだろうか。あくまでも推測の域を出ないが、そこが「託宣」の場であったということは、かなり大きな意味をもっていたのではないか。一般的にいうと、聖地の根源は、そこが「籠もり」(incubation)の場、「託宣」の場であったということではないかと思われる。熊野の神も、たとえば証誠殿に「籠もった」人びとに夢を見させ、その夢を通じて託宣を授けることが最重要な役割なのであった。これは一遍や和泉式部にかぎったことではなかったのである。

多くの宗教的指導者を見てもそのことは共通している。たとえば、親鸞は、二十九歳のとき、長くいた比叡山を下りて、京都の六角堂に百日籠もるのだが、その九十五日目の暁に「聖徳太子の示現にあずかり」、魂がヴィジョンを得るのである。法然にしても、また『愚管抄』の慈円にしても、その回心を決定したのは夢のお告げなのだった。★1『更級日記』には、石山詣《いしやまもう》での際、「斎屋《ゆや》におりて御堂にのぼる」と書かれている。西郷信綱は、「ユヤは湯屋で、斎戒沐浴《さいかいもくよく》する浴室である。御堂は礼堂すなわちコモリ堂。つまりユヤで身を清めて堂にのぼり、そこに参籠して祈請するという順序である」という。彼女の初瀬《はつせ》詣（長谷寺）の場合もそうだが、和泉式部の貴船詣にしても、石山と同様に「人声もせず、山風おそろしく」とあるように、ただそぞろにそんなところに行くはずはないのであって、それは人里離れた聖なる場所に籠もることを意味していたのだった。ヨーロッパの「籠もり」（incubation）はもっぱら病気の治癒を求めたものだが、日本の寺社詣は魂の治癒を求めてのものが多かったようである。★2

以前、瀬戸内寂聴さんの『源氏物語』についての講演を聴いたとき、『源氏物語』で欠かすことができない女性は六条御息所《ろくじょうのみやすどころ》だと言われたことにとても納得がいった。御息所は夢のなかで自分の魂が「我にもあらぬ」ようになって葵の上《あおいのうえ》にとりついてしまうわけだが、それこそ当時の人びとにとって「もう一つの生きた現実」だったのである。人びとは（ある手順を踏んだり、または無意識のうちに）魂の声を聞くことができた。もともと神託・託宣の類は、記紀でも、その大部分が天皇に下されるものとして語られており、かつては天皇こそが夢において神々と交流する特権者なのであった。ところが、弓削道鏡《ゆげのどうきょう》の宇佐

八幡の託宣をめぐる騒動は、公的なものとしての託宣が力を失っていく過程を示しており、平安朝以降は、夢のお告げは主に私的領域へと広がっていったのである。[3]

もう一度繰り返すが、熊野は本来「籠もり」(incubation)の場なのではなかったか。いまでは不思議に聞こえるかもしれないが、人びとを眠りに誘う場こそがかつては信仰と分かちがたく結びついていたのである。ある特定の場所に籠もることによって人びとは文字どおり「夢を見て」救いを得たのだった。そういう意味では、熊野には、古代ギリシアにおけるデルフォイとよく似た位置づけが可能となってくるのである。デルフォイはアテネ(政治的中心)から遠く離れたパルナッソス地方のコリント湾の水面から六百メートルほどのところ、パルナッソスの高い台地を支える「輝かしき岩」の絶壁の麓に位置している。そこは地形的にも海と山が絶壁を介して出会うような場所であり、古くから託宣をもたらす聖地であった。[4] このデルフォイにおける巫女(ピューティア

枯木灘付近

ー）の神がかりは、岩の裂け目から立ち上る催眠性のガスによるものとされており、夢遊状態におかれた巫女らによって「託宣」は下されたのである。

こうしてみると、熊野とデルフォイとの類似は生半可なものではなく、その地形的特色、「輝かしき岩」の存在、リアス式海岸、政治的中心からの距離、籠り（incubation）、岩の裂け目からのガスの噴出など、託宣の場にふさわしい共通した要素がいくらでも見つかるのである。

さらに、デルフォイの語源であるdelphには子宮の意味があり、それから類推すると、おそらく熊野の本来の神格も女性的性格をもっていたのではないかと想像される。デルフォイからはミケーネ時代の遺物が多く出土し、すでに紀元前二千年以前にこの地はなんらかの宗教的崇拝の聖地であったことが明らかにされている。デルフォイの神託を別名アポロンの神託ともいうが、あたかも素戔嗚尊《すさのおのみこと》のような中央の神格アポロンがこの地を守るピュトンという蛇を殺し、地方的な地母神からこの地を引き継いだという点も、熊野と共通性があるように思われてくる。

デルフォイは四世紀にテオドシウス一世の命令でローマ帝国によって滅ぼされ、十九世紀に再発見されるまで千四百年の永い眠りに閉ざされたのだが、熊野は幸いにも多くの戦乱をくぐりぬけて現在に至っている。ともに「託宣」の地という機能は失われてしまったが、そうした記憶が人びとをいまも熊野やデルフォイに惹きつけるのではないだろうか。なにも神託・託宣とは、その形式によるものではなく、その地に固有の集合的無意識に深く根ざしたものだからである。

12 熊野の神はどこから来たのか?

熊野についていうと、文字化された神話伝承の類はほとんど存在していないといってもいい。ただ、その数少ない例外が「熊野権現御垂迹縁起」であり、そこには熊野の神がいかにして外からやってきたかが描かれている。それによると、その神は「八角なる水精の石」として、神武天皇のとき、唐(印度)からまず九州の英彦山《ひこさん》に天下ったとされている。そして、さらに四国の石鎚山《いしづちさん》、淡路の遊鶴羽山《ゆづるはさん》などを経て、熊野新宮の南「神蔵峯」に降臨したとされている。そこから、阿須賀《あすか》社北の石淵《やぶち》に降り立ったので、人びとは石淵に「結《むすび》速玉《はやたま》、家津御子《けつみこ》」の二社をつくって神の座としたのである。のちに家津御子だけが熊野川の上流の櫟《いちい》の木に天降《あも》り、崇神天皇の代に大斎原《おおゆのはら》に社殿をつくって遷《うつ》られたと伝えられている。★1

ここで、「熊野権現御垂迹縁起」の記述のなかにいくつかの大事な点が含まれていることに改めて注意したい。よく読むと、熊野本宮大社に家津御子神が鎮座した事情と、熊野速玉大社に結、速玉の二神が鎮座した経緯については書かれているが、まだ熊野那智大社については何も言及されていない。このことは後に熊野三山と一体化されて語られるようになる以前、那智はまた別の脈絡での信仰の地であったということを物語っている。

また、「熊野権現御垂迹縁起」が書かれた時期と関係してくるかもしれないが、英彦山、石鎚山、遊鶴羽山はほぼ中央構造線にそった山々で、それらはもともと修験者にとっては欠かすことのできない聖地であったという点である。いうまでもなく、中央構造線とは、九州の大分県国東半島の南から豊予海峡を経て四国に入り、愛媛の石鎚山から吉野川にそって

中央構造線

鳴門に向かい、和歌山に入って紀ノ川から紀伊半島を横断して伊勢湾から諏訪湖へと続く大断層を指している。

神々がこのラインに沿って移動したとしたら、おそらくかつての文化も同じ経路をたどって伝播したと考えてよさそうである。山岳修行者が選んだ土地はたしかに地図上では辺境の地にみえるのだが、実際には古代における重要なコミュニケーション・ルートの上にあったのかもしれない。それに対して、町田宗鳳は、「ここで注意を要するのは、古代人のカミとは岩や樹木そのものに本来的に宿る精霊のことであって、それを依代として天なり海上なりから降臨してくる神という概念は、ある程度、時代が降ってから発生したと思われる」と論じている。★2 そうだとすると、それらの地名は後になって修験の聖地を単に結びつけてつくりあげたものにすぎないことになる。どちらにしても、「熊野権現御垂迹縁起」がそうしたスケールで書かれていることは興味深いことである。

さらに注目したいのは、神を「八角なる水精の石」と表現している点である。いったい「八角なる水精の石」とはなんであろうか。一般には「水晶」と理解されているが、それはについて考えるにあたって無視できないのは、神の実体についてのイメージ群で、それは

産田神社

単なる「水晶」ではなく、むしろ「海神のやどる霊石」（石神《しやくじん》）を連想させるものである。三品彰英は、記紀に登場する山幸彦《やまさちひこ》（彦火火出見尊《ひこほほでみのみこと》）が海神からもらった潮満珠《しおみつたま》・潮干珠《しおひるたま》という海水を支配する呪石について、航海の安全や風雨の順調が祈願され、また時には出産の呪物として古くから信仰されていた点を指摘している。山幸彦の海宮遊幸の物語もその一つのヴァリエーションである。この伝説の流れを汲む八幡縁起になると、神功《じんぐう》皇后が豊玉姫《とよたまひめ》（海神の娘）の姉とされ、竜宮に行って、仏法の如意宝珠を得て帰るという話になってくる。[★3]

　熊野では白い浜石を神への手向けとするのが普通で、これが境内に白石を置く習俗の母胎となっている。野本寛一は、この地では、「鬼の目と呼ばれる渚の小石は、常世からの福をもたらし、併せて家に宿る病魔や、外から入りくる邪悪なものを祓《はら》う力があると信じられてきたのであった。潮岬の上野でも、節分に、小桶に潮水を汲み、渚の小石を拾って帰り、小石と豆を混ぜて撒《ま》く。熊野の海辺にはこのように、常世の力を小石に受ける民俗が点在するのである」と述べている。[★4]

　こうして「海神のやどる霊石」は聖なる場所に捧げられるようになり、しまいには森の奥にまで運ばれることになったのだった。同じことがごとびき岩や産田《うぶた》神社などでも見られるし、もともとは伊勢神宮の白石も同じ役割をもっていたと考えられよう。

たとえば、熊野市にある産田神社の場合、『熊野市史』に、一九五九年の伊勢湾台風の際、「社殿西に近接した根倒れの杉の大樹の根元の穴から弥生中期（約二千年位前）の土器が出土し、その穴は約五〇センチの下からすでに白石が敷きつめられていて、日本へ水稲栽培の伝来した当初から神社が祭られていたことがうかがわれる」と記載されている。★5 伊勢神宮の原型には、沖縄の御嶽《うたき》同様、本来社殿はなかったはずである。その社殿のない祭祀場は、御嶽と同じように、神木蒲葵（くば、びろう、椰子の一種）と、その神木の下に白砂を敷いた円形のイビから成立していたのではなかろうか。★6

つまり、「海神のやどる霊石」（石神）は日本における神観念の生成とかなり密接にかかわっているということで、それは南紀のみならず、かなり広範囲にわたって信仰されてきたことを表しているように思われる。海水を支配する呪石と、水源に目印のように置かれている呪石との間には密接なイメージの連鎖が見出されるのだが、このことはまたのちに大きな意味をもってくるのである。

13 神武天皇

岡本太郎は、熊野について、「重畳とした山嶽、大森林には、わずかな山の民の棲家と、修験の秘密の道しかない。陸路はとざされ、南の海岸線はほとんど、水際まで迫った懸崖《けんがい》で内部へのつながりを拒否している。／中央に近くありながら、陸からも、海からも遮断された広大な天地である。遠い土地の神秘には、畏怖感がない。だが身近でいながらとざされている世界には、ひときわの神秘と怖れの実感があるだろう」（『神秘日本』）と書いている。★1

しかし、一方で、熊野で調査を続けていると、海が「地果つるところ」ではなく「地結びつけるところ」ではないかという意識がどんどんと強くなってくる。かつては海が主要な交通路であって、すべてのものは海流にのってどこからかやってきたのだった。

たとえば、『古事記』にある神武東征伝説を例にとってみよう。神武天皇（神倭伊波礼毘古《かむやまといわれびこ》）の父は鵜葺草葺不合命《うがやふきあえずのみこと》、母は海神の娘・玉依毘売《たまよりひめ》。日向《ひむか》の高千穂から東方を目指すが、

七里御浜

浪速《なみはや》で反撃に遭い、兄が負傷、「自分は日の神の御子であるのに、日に向かって敵と戦うのはよくない」として、海上を迂回して紀伊国の男之水門《おのみなと》に着くが、兄はそこで命を落としてしまう。その後、ようやく神武天皇は熊野に入ることになるのだが、大きな熊が現れ、全員が失神状態に陥ってしまう（これは『古事記』の表現であって、『日本書紀』では悪い神が現れて毒気を吐いて失神させることになる）。このとき、高倉下《たかくらじ》が韴霊《ふつのみたま》（刀）を献上し、彼らはそれによって勢力を盛り返すことになる。

しかし、ここで無視できないのは、神武天皇がもともと海神の子で、海童《わたつみ》的性格をもっていたという点ではないかと思われる。一説には、熊も「水中から」現れたというし、海神の娘豊玉姫が龍になる逸話や、彼女の姉の神功皇后が竜宮に行って（何事も願いどおりになる）如意宝珠を手に入れる話などもある。神武天皇がもともと海神の子であるとなると、海からの視点抜きに熊野を語るわけにはいかないことになる。そもそも熊野には黒潮の関係で多くの人びとが漂着しており、唐へ留学した吉備真備《きびのまきび》もその一人だったし、古来、徐《じょ》福《ふく》伝説などが多く残されているのも不思議ではないのだった。

そういうわけで、二〇〇七年の秋、船をチャーターして、神武天皇が上陸を果たしたという熊野市の楯《たて》ヶ崎《さき》、串本町の海金剛《うみこんごう》を海の側から観察し、さらに、いわゆる「やまあて」の目印となったと思われる那智の滝、ごとびき岩が海から実際どのように見えるのかを確認しようと思いたったのだった。★2

それに先立ってまず花の窟《はないわや》を海辺の側から眺めるつもりだった。ここも漁民らにとっては海からの大きな目印としての役割をもっていたにちがいない。花の窟ではやはり境内の大きな玉石が気になって仕方がなかった。明らかにご神体としてみごとなかたちをとっているものの、それについて触れられることはあまりに少なかったからである。この大きな玉石は花の窟の岩楯信仰とはまた異なる別の力の表現のように思えたのだった。

話はややそれるが、この花の窟から産田川をちょっと遡った奥に、先にも触れた産田《うぶた》神社がある。花の窟の前身かもしれないという指摘もあるかなり古い神社である。たしかに産田神社の社殿の両脇にある神籬《ひもろぎ》の跡はなかなかに興味深い。『紀伊続風土記』には、産田神社について、奥有馬・口有馬・山崎三ヶ村の産土神で、里人の伝によれば、伊弉冉《いざなみの》尊《みこと》がこの地で軻遇突智《かぐつち》神を産んだので産田と名づけ、伊弉諾尊《いざなきのみこと》は夫神だから、のちに並べて祀ったのであろう、と書かれている。そうなると、花の窟とその謂れがまったく重な

三重県
奈良県
和歌山県
きいながしま
あいが
尾鷲神社
おわせ
岩屋堂
太郎坊権現
くき
九木神社
かた
飛鳥神社
にぎしま
楯ヶ崎
大馬神社
大丹倉
産田神社
くまのし
花の窟
熊野灘
熊野川
神内神社
きいいだ
うどの
しんぐう
神倉神社

ってくるわけだが、こちらの神籬の跡は社殿なき南紀の神社の伝統をひそかに物語っているように思える。そして、ここの磐座《いわくら》と花の窟の玉石との間にこそなんらかの結びつきがあるように感じられてくる。

『熊野年代記』の一一三二年（長承元年）三月の項に、崇徳《すとく》天皇が産田神社に行幸されたことが記されており、古くからそこは特別な場所であったものと思われる。産田神社のほうが熊野速玉大社よりも先行していたのではないかという説さえある。というのも、やはりここに社殿がなかった頃の神籬の跡が残されているからである。石で囲んだ祀り場にしめ縄を張って結界をつくり、そこに神を降ろすことが、祭祀の、そして神社の始まりであったと前に述べた。産田神社にはそうした石の囲み跡が、神社の両側に二つ遺されているのである。いまは伊勢神宮とも共通の社殿構成で玉砂利も敷き詰められているが、かつてはそこには社殿などなかった。崇神天皇が夢でここに祀られている神を元に戻すように告げられたといい、それが熊野本宮だ、という言い伝えもあるらしいが、真偽不明である。

その付近には、すでに述べた神内《こうのうち》神社がある。ここも向かいの高台から見ると、「森に覆われた花の窟」といった印象である。神内神社全体が巨大な岩の塊から成っている。す

神内神社を望む

ぐ近くの「古神殿」だけではなく、このあたりには亀石など特別な磐座が数多く見られるのだった。また、飛鳥《あすか》神社も、一見よくある神社のように見えるのだが、なかなか一筋縄ではいかない。まずは、境内に入るところに巨大な杉があり、ここがわずか十メートルほどで海に接している場所であるとはとても思えない。さらに境内に鎮座する巨大な楠《くすのき》（周囲十一・五メートル）を見ると、海際に建つ神社にしてはその植生がまことに常軌を逸していることがわかる。特別な場所はいつもさりげないところにひそんでいる。そして、そうした場所はさらに北の松阪市にある水屋《みずや》神社まで延々と続いているのである。

14

海の熊野へ

楯ヶ崎

尾鷲の船宿から船を出してもらい、まず、海金剛、楯ヶ崎をまわる。たしかに柱状節理というか、地表に噴出したマグマが急に冷えてできた独特の景観は一見の価値ありで、この世のすべては石を積み重ねただけという錯覚に襲われる。神武天皇が上陸したとされる海岸もそこにあって、その近くには釣り人たちがのんびりと糸を垂れているのが見える。こうしてみると、熊野については海が表舞台であり、険しい山岳地帯はむしろその背景にあたるということが実感としてよくわかる。海から入った人びとはそこからどのように移

動したのかということが気になってくる。実際、神武らがここで上陸を果たしたとして、どうやって神倉山にまで至ったのだろうか。

もちろん、楯ヶ崎は神武天皇が上陸した場所の一つとして知られているが、それもけっしてたしかなことではない。『日本書紀』には次のような話が書かれている。

「熊野の神邑《みわのむら》に着き、天磐盾に登った。そこから軍を率いて進んだところ、海上でにわかに突風にあい、皇舟《すめらぶね》は漂流した。この時、稲飯命《いないのみこと》が嘆いて言った。『ああ、

楯ヶ崎から海を望む

わが祖は天神で母は海神なのに、どうして私を陸で苦しめ、また海で苦しめるのか』。そう言い終わると、すぐ剣を抜き海に入って、鋤持神《さいもちのかみ》となった。三毛入野命《みけいりののみこと》もまた恨んで、『わが母と叔母は二人とも海神である。どうして波を起こして溺れさせるのか』と言い、すぐに波の穂を踏んで常世の郷に行った。四人兄弟の中で天皇一人、皇子手研耳命《たぎしみみのみこと》と軍を率いて進み、熊野の荒坂の港またの名を丹敷浦《にしきのうら》というところに到着した。そして丹敷戸畔《にしきとべ》という者を殺した」。そうなると、彼らは先に熊野川下流の神倉山あたりに着き、それから楯ヶ崎方面へと向かったのだろうか。

神話はあくまでも歴史的事実ではないのだが、不思議なことに、いかなる民族においても、神話は実際の土地や自然条件とだけは緊密に結びついているのである。そうなると、途中にある大丹倉《おおにぐら》や花《はな》の窟《いわや》や神内《こうのうち》神社なども彼らの目に入ったのだろうか。荒れた海に絶望的になりながら、彼らはいったいどのような光景を見たのだろうか。

ぼくが調査に入ったとき、熊野灘は荒れていた。あまりの波の高さに、三人いた船頭のうち二人に出航を拒否されるほどだった。しかし、陸から見ると、いくら風雨が激しいといっても、熊野灘はそれほど荒れているようには見えなかった。せっかくの機会なので出港しないわけにはいかないということになったのだが、それがとんでもないまちがいだったということはすぐにわかった。陸から見る熊野灘と海で実感する熊野灘とはまったく別物なのである。那智勝浦町宇久井《うぐい》の港からごとびき岩を目指して二十分ほど行く間にも、激しい波風にあおられて船は大きくローリングするかのように揺れた。雨も激しくなり、合羽は身につけているものの寒さが次第に身体に忍び込んでくる。熊野川の河口近くまできても、ごとびき岩はかすかに見えたり見えなかったりで、とても撮影どころではなかった。海から見ると白く光って見えるという那智の滝の姿を見るために、今度は海を南下したが、激しい揺れ、視界をさえぎる波風。三十分ほどして、ようやく滝が見えるという地点で、船が波とガツンとぶつかり、甲板にたたきつけられて肋骨にひびが入った人も出たほどだった。結局、滝が山々の間にほのかに白く見えたかどうかというくらいで、よく確認できないまま、宇久井の港に戻ったのだった。

ただし、収穫もあった。いつもはあれほどゆったりと見えていた熊野灘が、いったん海に出てみると、牙をむき出しにした猛獣のように激しく人びとに襲いかかってくるのを知ったことである。神武の兄弟たちがここで次々と命を落としたというエピソードも、伊勢路においては「船あれども波荒き故必ず必ず乗るべからず」（『西国道中記』）と教訓されたことも、身にしみてわかったのだった。海は急峻な山岳地帯に負けず劣らず人びとにとって困難な領域だったのである。

15

補陀落渡海

補陀洛山寺にある渡海用の船（復元）

補陀洛山寺

最初にその言葉を聞いて以来、ずっと「補陀落渡海《ふだらくとかい》」については気になっていた。まだ学生の頃のことだった。日本宗教史の謎とされる補陀落渡海について知ったのは益田勝実「フダラク渡りの人々」によってである。[★1]補陀落とはサンスクリット語の「ポタラカ」の音訳で、南方のかなたにある観音菩薩の浄土を指しているのだが、その場所については諸説あって定かではない。いずれにせよ、僧侶らを生きたまま船内に閉じ込めて外から釘で打ちつけ、わずかな食料とともに観音の浄土へと旅立たせる風習があると知って、恐怖と好奇心のまじったなんとも奇妙な気持ちにさせられたものだった。

おそらく、こんな行事など世界中探しても他では見つかることはないだろう。川村湊は『補陀落』のなかで、以下のように書いている。「補陀洛山寺《ふだらくさんじ》と宮の浜を、一度見てみたいと思ったのは、井上靖の『補陀落渡海記』を読んだからだった。小さな舟に押し込められて、観音浄土としての補陀落へ向かう渡海行は、憧憬と恐怖との混じった複雑で、不思議で、息苦しい体験ではないだろうか。まだ、悟りの境地からはほど遠いのに『渡海上人』として、生き仏として崇められ、難行苦行や、捨身行を強制されてしまうという経験[★2]」。たしかに、捨身行といえないこともないが、「外から釘で打ちつけ」というのはどういうことか。もしそこから逃げ出そうにも、どうしようもなく、扉にあがいた爪あとだけを残して沈んでいったというが、その様子を想像すると、ぞっとして鳥肌が立つのだった。

補陀落渡海は、熊野の那智勝浦でのみ行われたのではなく、高知の室戸岬や足摺岬、九州の有明海などでも行われていたことが知られているが、なかでも熊野の海岸は最大の拠点であった。一一〇九年（天仁二年）熊野を訪れた藤原宗忠は、那智の海岸が「補陀落浜」と呼ばれていたことを『中右記《ちゅうゆうき》』に書いているし、園城寺《おんじょうじ》の僧で熊野三山検校であった覚宗は、堀河天皇の頃に那智の一僧が小舟に千手観音をつくりたてて補陀落渡海を行ったのを己の目で見たと『台記《たいき》』に記されている。また、『平家物語』の平維盛《これもり》の入水往生も那智の補陀落信仰を抜きにしては考えられないだろう。[★3]

もちろん進んで人びとのために船に乗り込んだ僧もいたであろうが、そうではなく仕方なしに乗り込まされた僧もいたにちがいない。十六世紀末のこと、金光坊《こんこうぼう》は釘づけされた扉を必死で壊して脱出するのに成功したが、翌日には発見されて、再び僧たちの手で死出の旅へと送りだされる。井上靖『補陀落渡海記』のストーリーである。この元史料は『熊野巡覧記』で、そこにはただ「この僧はなはだ死をいとい命を惜しんだのだが、役人は問答無用で彼を再び海へと追い落としたのであった」と書かれている。

『熊野年代記』（古写）によると、補陀洛山寺で補陀落渡海を行った住持は、八六八年（貞観《じようがん》十年）から二十人が記録されているとのことだが、[★3]その他の寺を含めるとかなりの数にのぼったにちがいない。ベトナム戦争の焼身自殺などは憎みずからの意思によるものだから、痛ましいのは同じとし

那智浜

ても、まだ事情は理解できる。ここでは、本人の意思や心変わりを許さない別の力、強制があるだけに、その痛ましさは類をみないのだ。

丸山静は、補陀洛山寺について次のように書く。「さしずめ私としては、補陀落山寺の観音堂からふり返って、海が見えるかどうかをたしかめたかったのである。中頃、清水や初瀬にとって代って、熊野が天下第一の観音の霊場となったのは、私の考えでは、そこでは、観音の示現したまう場所が、直接に海に臨んでいるからである。観音はぜひとも、島山の巌石を背にして、海にむかって示現することになっていたのではないか」[★4]。

補陀落渡海は海のかなたに観音浄土をイメージしてはじめて成立したわけだが、これも熊野がつねに海とのつながりのなかで存在していることを明らかにしているのではないか。この補陀落渡海も古くからの「常世」信仰の一つのヴァリエーションだったにちがいない。

16 熊野と高野山

日本文化の根源にかかわる熊野は、いまでも謎の多い聖地である。仏教、神道、道教、修験道など、すべてがそこに含まれている。いわば神仏習合の中心的な地域であり、伊勢や高野山とは違って、老若男女を問わず、また「信不信をえらばず、浄不浄をきらわず」、多くの人びとを受け入れてきた。そういう意味では、とりわけ熊野と高野山とは対照的な発展を示してきている。

たとえば、十四世紀の出来事として、熊野と高野山が課税権であらそった事例が残されている。高野山側は、高野山は「鎮国安民の道場、高祖明神常住の霊崛《れいくつ》」であるのに対して、熊野は「他国降臨の神体、男女猥雑の瑞籬《みずがき》」と非難している（高野山文書、一三七二年）。すなわち、高野山は、国を鎮《しず》め民を安らかにする道場で、弘法大師が常住《じょうじゅう》している霊妙《れいみょう》なところであるのに対して、熊野は、外国から来臨《らいりん》した神を祀っており、境内には男女が入り乱れているというのである。★1

しかし、いまから考えると、高野山が女人禁制を厳しく守ったのに対して、熊野が女性や下層民のみならず、すべての人びとを「信不信をえらばず、浄不浄をきらわず」受け入れたというのは、当時としてはむしろかなり例外的なことではなかったか。高野山が日本屈指の聖地であることは否定できないが、当時は不治の病とされていたハンセン病患者もためらわずに受け入れた熊野の懐の深さにはまた驚きの念を禁じえない。しかも、高野山側は、熊野が「外国から来臨した神」を祀っている点をも非難しているが、神はつねにどこからかやってくるものであり、常住する神などこの世には存在しえないのである。そもそも高野山にしても、インドの仏陀《ぶつだ》なくしては存在しえなかったのではなかろうか。

いや、かくいう高野山も実際のところ特別に選ばれた聖地であり、そこでは弘法大師が

金剛峯寺（高野山）

高野山金剛峯寺を建立するずっと以前から多くの山岳修行者がそれぞれ庵をつくって祈りを捧げた場所であったことはたしかである。そもそも弘法大師は金剛峯寺を建立する際に、丹生都比売《にうつひめ》を鎮守として祀ったと伝えられている。ここでもすでに神仏混淆である。丹生都比売の起源は金剛峯寺が創建されるよりもさらに古く、もともと高野山一帯の地主神として崇拝の対象とされていたのだった。高野山には根本大塔を中心とした壇上伽藍があるのだが、そこに丹生明神と高野明神を祀る神社（御社《みやしろ》）が堂々と並んでおり、しかも、弘法大師がその場所をもっとも重視したとなると、もともと真言密教と神道（女神崇拝）との間にはどこか通底するものがあったと考えざるをえない。

ところで、ちょっとわき道にそれるかもしれないが、この丹生都比売の「丹」はまた朱色を指すもので、おそらく精製すると水銀がとれる朱砂《しゆしや》（硫化水銀）のことではないかといわれており、「丹生」となるとその鉱脈を意味するのではないかとされている。[★2] また、水銀は水の神との結びつきも強く、水源、水分《みくまり》信仰とかかわっているとの見方もある。その点では、大丹倉《おおにぐら》、丹倉《あかぐら》神社なども、水の神を祀るとともに、朱砂を含む大きな鉱脈がその背景にあると考えることができるであろう。

さらに、想像をふくらませると、神武天皇が熊野に入るときに討ち破った丹敷戸畔《にしきとべ》も、一般には、その地を統《す》べる首長を指すのではないかと解釈されているが、それよりも「丹」という字からして同じく朱砂と多少のかかわりをもっていたのかもしれない。この丹敷戸畔という名前の「丹敷」は「にしき」とか「にふ」と読まれており、そう考えると、彼らにゆかりの錦や水銀を示唆しているといえるかもしれない。かつては祭祀用の銅鐸や銅鏡を水銀で磨いており、朱砂は古代においてはかなり重宝されていたのだった。神武天皇が上陸するときに、「時に神、毒気《あしきいき》を吐きて」(『日本書紀』)、その一行が眠らされたと記述されているが、それらの生産に伴う有毒ガス発生のさまを記述しているとも受けとめられる。また、熊野の荒坂の港(丹敷浦)の場所だが、これまで「にしき」と読まれてきたので「錦」が当てられてきたが、もしかして「にう」「にぶ」だとすると、串本の二部なども考慮に入れなければならないかもしれない。

さて、本筋に戻ろう。熊野がもともと神仏習合の地であったことはまちがいないし、その名はつねに日本の歴史の転換点に登場してきたのだが、それも権力中枢とは一線を画すかたちで、きわめてミスティックな立場を貫いてきている。熊野および吉野・大峯の共通

熊野本宮大社

点は、つねに歴史上、人びとの反権力の源泉とされてきたことであり、神武天皇、壬申《じんしん》の乱の大海人皇子《おおあまのおうじ》（七世紀）、南北朝の後醍醐《ごだいご》天皇（十四世紀）の例を挙げるまでもなく、そこで潜在的なパワーが得られるものとして語られてきた点であろう。前に述べたとおり、古代から中世への変わり目に起こった保元の乱が熊野本宮の託宣によるものであったことも、とても偶然とは思えないのである。

そうした謎をかかえながら熊野を繰り返し歩いてみると、まず不思議に思われるのがその特殊な地形であろう。なぜ火山が一つもないのにあれほどの数の温泉（源泉）があるのかという素朴な疑問が湧いてくる。しかも日本でも有数の多雨地帯という特徴もあれば、リアス式海岸というか直接山が海と接しているという地形的な特徴もある。こういう場所はいずれも聖地にふさわしく、どこか熊野によく似た場所を挙げよといわれたら、おそらくまず屋久島の名が挙げられるのではなかろうか。

さらに、伊勢や出雲では祭神がはっきりしているのに、なぜ熊野だけあいまいなのか、なぜそこで『古事記』『日本書紀』とは異なる系列の神の名前が挙げられるのか。熊野で祀られている神々（熊野坐神《くまのにますかみ》、家津御子神《けつみこのかみ》、速玉神《はやたまのかみ》、牟須美神《むすびのかみ》）の出自はいったいどこに求められるのか。もしかして南紀一帯に共通した信仰の痕跡のようなものが残されている可能性はあるのだろうか。これらの問題はどうしても避けて通るわけにはいかないだろう。

それらの謎を解くには、ただ熊野古道を歩くだけではなく、紀伊半島南部の多くの聖地をみずから踏破してみる必要があるだろう。大丹倉、丹倉神社、花《はな》の窟《いわや》、産田《うぶた》神社、神内《こうのうち》神社、玉置《たまき》神社、天河大弁財天《てんかわだいべんざいてん》社、古座《こざ》、串本、飛鳥《あすか》神社、楯ヶ崎、大馬《おおま》神社、大斎原《おおゆのはら》、矢倉《やくら》神社などをめぐり、それらの場所がもっている力を十分に明らかにする必要があると思われる。それらはどこも例外なく特別な石の力を背景にしているのだが、前述のように、実際、それらの場所からは縄文・弥生に遡る祭祀用具や遺物が多く出土している。

熊野をめぐる謎を解くカギは「場所」のもつ特殊性を読み解くか、または、いまでもそこで行われる祭事を構造的に分析するかしかない。聖地は、一般にそれだといわれているところだけを見ていても、かえってなかなか見つかりにくいものである。これまでにも有名な神社仏閣や名所旧跡をまわってきたのだが、さっぱり何も感じられない「聖地」も少なくなかった。おそらくそれらは人間の側からの神へのアプローチの場所であって、神が降り立ったとされる場所ではなかったのである。それゆえ、神の気配を感じるよりも先に、

大斎原

「人間」ばかりが目についてしまったのかもしれない。たぶん一般の人が聖地と思っているところに神はいないのだ。

聖地には、たしかに神が降臨したと思われる場所と、人が一方的に神との交流を求めようとして設営した場所とがある。それらが一緒くたにされていることが問題なのである。そうはいっても、ここでお断りしておかなければならないが、後者がまったく無意味だというわけではない。人びとが集まり祈りを捧げる場所は、それでもなお「神を現出させる」ことがあるからである。多くの人びとが集まり祈りを捧げることによってそこが特別な場所へと変化するといった例も少なくない。むしろ逆に、手つかずの自然に神が宿ることなどけっしてありえないのである。人跡未踏の地に神の姿を見つけることはできない。そういう意味では、人間と神とはどこかとても近しい存在なのかもしれない。

では、神はいかなる場所に降臨するのか？　これまでにも世界中で多くの聖地をまわってきたが、特別に名の知られた聖地以外にどうにも気になる場所がいくつもあって、それが心のなかに滓《おり》のように沈殿し、もはやどうにかせずにはいられないというところにまできていた。そのことも熊野の調査を続けるようになった理由なのである。

17　熊野と伊勢

さて、熊野から伊勢への人びとの興味の変遷を語るには、「長寛勘文《ちょうかんかんもん》」を無視することはできない。

熊野信仰は、院政期を境に大きく変貌を遂げることになるが、それは熊野三山の統括が仏教方に移行していくこととも重なっている。かつては伊勢と熊野は切り離せないほど密接な関係にあったのだが、三山検校に園城寺の増誉が任命されて以来、彼らは「伊勢と熊野を同体とする古代信仰を解体させ、熊野は仏教化した独自の教団を組織するようになっ」ていったのである。「この転換期を象徴するのが、伊勢路から紀伊路への転換で、公的な熊野詣はすべて紀伊路を通るように」[★1]なったのだった。

もちろん、そんなにはっきりと入れ替わったわけではない。庶民の信仰では、その後も伊勢あっての熊野、熊野あっての伊勢と思われていたのだが、十二世紀に入って伊勢と熊野の関係を問うべき重大な訴訟事件が勃発したのだった。これは考えてみればとんでもない出来事ではなかったか。それ以降、熊野は伊勢とは一線を引いて仏教色を強めていったわけで、それは日本宗教史の一大転換点といってもよいかもしれない。その事件についての八通の上申書を集めたものが「長寛勘文」という文書として残されている。

その経緯を簡単に述べると、甲斐《かい》国守である藤原顕時《あきとき》が八代庄《やつしろ》という地を荘園として熊野大社に寄進したことに端を発する。ここに当時の熊野の力をみてとることができるのだが、次の国守藤原忠重《ただしげ》はその地を横領し、熊野から荘園を管理するために派遣されていた神人《じにん》を捕らえたうえでひどく痛めつけた。これは明らかに忠重のやりすぎで、熊野側の訴えで訴訟が起こった。朝廷から意見の具申を求められた中原業倫《なりとも》は、一一六三年（長寛元年）に熊野と伊勢とを同等に扱い、忠重らを絞首刑に処すべきだと具申したが、これをきっかけに、伊勢と熊野が同体か否かという神学論争にまで発展したのである。

これに対して、翌年に伊勢と熊野は同体ではありえないという意見を出したのが、太政大臣藤原伊通《これみち》と大学助教清原頼業《よりなり》であった。二人が主張した論証内容については、五来重の『熊野詣』に以下のようにまとめられている。★2

第一に、伊弉冉尊《いざなみのみこと》の葬地は出雲と伯耆《ほうき》の境の比婆山《ひばやま》であって、熊野有馬村は一説にすぎない。また、『延喜式《えんぎしき》』には伊勢に伊佐奈弥《いざなみ》宮はあるが、熊野社は紀伊の神であるから同体ではない。

第二に、熊野では速玉之男神《はやたまのおのかみ》を祀るが、これは伊弉冉尊の子であって、御子神と母神を混同するのは理屈にあわないことである。よって熊野の神は伊勢の神とは異なると判断すべきである。

第三に、伊勢神宮は私幣を禁じ（天皇が奉る幣帛《へいはく》以外は受けない）仏事を忌むのに対して、熊野は民を嫌わず僧徒が仏教をもって祀る点、両社ははるかに異質な神社である。それを同体とするわけにはいかない。

さらに五来は、伊勢熊野同体説は、伊勢路によって伊勢と熊野を巡拝する参拝者が多かったことからつくりあげられたフィクションであったとしている。

ただ、そこには伊弉冉尊、天照大神《あまてらすおおみかみ》に連なる大地母神への信仰という、おぼろげながらも伊勢と熊野を結びつける下地が隠されていたのではなかろうか。神学論争は別にして、庶民はそうした一致を肌で感じとっていたのではないか。しかし、この事件によって、それからのちは、伊勢と熊野は明確に区別されるようになり、次第に伊勢の人気が高まっていくとともに、熊野参詣の道もついには伊勢路から紀伊路へとその主な人の流れは変わっていったのだった。

18

神々のパンテオン

熊野那智大社

いわゆる熊野三山と呼ばれる熊野本宮、新宮（速玉大社）、那智大社の三つは、それぞれ別々に成立したものであって、相互に結びつきを強めたのはずっとのちのことではないかと想像される。熊野本宮と新宮の関係においてさえ、はっきりとした関連資料は見つかっていない。本宮は第十代崇神天皇六五年に、新宮については景行《けいこう》天皇五八年に、那智大社については仁徳天皇の時代に現在の地に鎮座されたとされているが、もちろんそれらの記載をそのまま信じることはできない。どちらがもっとも古いかを文献上で論じることに意味があるとも思えない。

それより興味深いのは、本宮大社の前身である熊野坐《くまのにます》神社の主神、熊野坐神《くまのにますかみ》の存在であって、その名は熊野の地主神としてほぼ一般名詞のように使われている。熊野坐神という名は、たしかに、そのまま熊野に座する神という意味であって、それ以上の何ものも意味していない。のちに、それは家津御子神《けつみこのかみ》、速玉神《はやたまのかみ》（早玉神）、牟須美神《むすびのかみ》（夫須美神、結神）などと別々に呼びならわされていったが、そういう経緯からすると、それらはもともと切り離すことができないものであったにちがいない。

一応、整理してみると、古くから鎮座していたのは、おそらくただ「神」というくらいの意味しかもちえなかった熊野坐神ではなかったかということである。この熊野坐神は南紀一帯の一地主神にすぎなかったのだが、とんでもない霊力を示したこともあって、そこに他から来た神々が吸収され合祀されるようになったのではないか。それでもその全体像はまだ漠然としている。

　熊野坐神、熊野速玉神、熊野牟須美神が世に知られるようになったのは奈良時代からであるが、速玉と牟須美とは対になる神格で、現在も新宮に残されている一対の彫像によれば、速玉は男性、夫須美（新宮、那智ではこちらを使う）は女性の神格であったと思われる。「牟須美」はそのまま「結び」であり「産霊」「産土」でもあった。この世のさまざまな自然や事物を産み出していく力の表象である。つまり、速玉と牟須美で「たまをむすぶ」というひとつながりのイメージを形成していることになる。

『新抄格勅符抄《しんしょうきゃくちょくふしょう》』に八〇六年（大同元年）の文書として、「熊野牟須美神」と「熊野速玉神」にそれぞれ四戸の封戸《ふこ》が与えられた記録がある。しかし、『延喜式』（九二七年）には「熊野坐神社」と「熊野《くまの》早玉《はやたま》神社」は挙げられていても、「熊野夫須美神社」の名はない。これはどうしたことか。『延喜式』には那智大社の名もみえないことから、このとき

熊野速玉大社

まで那智大社は前記の二社とはまた別の系列につながる神社であったことがわかる。とはいえ、それは那智の社格が低いということを意味しない。『延喜式』に登録されているかどうかということは、単に当時の国家の権力機構の枠内に収められていたかどうかという意味しかないのであって、もちろん社格がどうこうという問題ではない。

とにかく、『新抄格勅符抄』と『延喜式』から判断すると、「熊野牟須美神」と「熊野速玉神」は同一の神社に祀られていたわけではなく、それぞれ現在の熊野本宮大社と熊野速玉大社に祀られていたと理解することができよう。そして、それはまた「熊野坐神社」と「熊野早玉神社」ともに対応していることになる。そうなると、熊野早（速）玉神社すなわち新宮については祭神の名称はほぼ一貫しているものの、熊野本宮大社については、その祭神は「熊野牟須美神」から「熊野坐神」へと変化してきたことになる。さらに、現在の主神は「家津御子神」とされているわけだから、本宮については祭神の名に多くの変遷がみられることになる。

　さて、熊野本宮大社の祭神が「熊野牟須美神」から「熊野坐神」となったことについては、ともに熊野の地主神であり産土神としての集合的な名称と考えれば、それほど違和感もないのだが、では、現在の熊野本宮大社の主神とされる「家津御子神」についてはどうだろう。家津御子神については、『紀伊続風土記』に熊野本宮の祭神を「熊野奇霊御木野《くまのくしみきぬの》命《みこと》」と呼ぶ一節があることからも、出雲の熊野大社の祭神「櫛御気野命《くしみけぬのみこと》」と同義とされており、一般には食をつかさどる神と解釈されている。しかし、それでは本宮の主神というにはいささか物足りないのではなかろうか。それを「奇しびなる御木の神」の意としたところで事態は変わらない[★1]。

　むしろ、ここに伊勢の内宮、外宮の関係をもち出してくれれば、多少理解の助けになるだろう。それぞれの祭神は天照大神《あまてらすおおみかみ》と豊受大神《とようけのおおみかみ》である。内宮は中央から勧請された天照大神であり、外宮の豊受大神はその土地の地主神であって、食物・穀物をつかさどる神格とされている点で、熊野との類似性がみてとれるかもしれない。つまり、家津御子神にしても豊受大神にしても、広い意味では、主神を底辺から支える古層の産土神といえるのではないだろうか。つまり、そうした連想を働かせるとなると、「熊野牟須美神」「熊野坐神」「家津御子神」は、産土神としてほぼ同一の神格を表しているのではないかということになってくる。

もう一度確認してみよう。熊野では、熊野坐神、牟須美（夫須美）神、速玉神、家津御子神がその代表的神格であるが、それらの神々の意味するところは、それほどかけ離れていないということである。そうなると、熊野本宮大社の主神は牟須美神であり、さらに、熊野坐神であり、家津御子神でもあるということになる。熊野速玉大社の主神も速玉神に代表されているが、おそらく速玉神と夫須美神とが合わせて祀られていたことになる。どちらも牟須美（夫須美）とは不可分の関係にあるということである。そして、のちに、牟須美神は記紀の体系に組み込まれて伊弉冉尊《いざなみのみこと》と同体とされ、速玉神は伊弉諾尊《いざなきのみこと》あるいはその唾から生まれた神とされるようになり、そして、家津御子神は素戔嗚尊《すさのおのみこと》と同体とされるようになる。さらに、それらは神仏習合によって、家津御子神は阿弥陀如来に、速玉神は薬師如来に、牟須美神は千手観音に擬せられるようになる。そうやって神々のイメージ群はどんどん肥大していくことになる。それでも、熊野全体の地主神といわれるのは熊野坐神であり、熊野牟須美（夫須美）神なのであって、本宮も新宮も那智もそれらの神格を下敷きにしなければ存在しえなかったということは、深く心にとどめておかなければならないだろう。では、その是非を次に社殿構成から検討してみたいと思う。

19 社殿構成

一般に、熊野本宮大社の主神は家津御子神《けつみこのかみ》、熊野速玉大社の主神は速玉神《はやたまのかみ》、熊野那智大社の主神は夫須美神《むすびのかみ》とされている。しかし、それらを個々にみていくと特別意味をなさないが、それぞれが結びつくと、ようやく熊野の土着の産土神としての集合的性格が浮かび上がってくる。

熊野本宮大社は、元は大斎原《おおゆのはら》にあり、主神は家津御子神であり、素戔嗚尊《すさのおのみこと》と同体とされ、のちには、阿弥陀如来とも結びつけられている。では、本来の本宮大社の社殿構成はどうなっていたのだろうか。ただ、ややこしいことに、そこには家津御子神を含めて十四の神々が十二の社殿に合祀されており、それらは神仏習合の影響により、熊野十二所権現として表記されることにもなっている。しかも、一八八九年の大洪水によって社殿構成そのものまで変わってしまっているのである。

現在の社殿構成を一応列記してみると、以下のとおりである。★1

第一殿　熊野牟須美神、事解男神《ことさかおのかみ》
第二殿　速玉神、伊弉諾尊《いざなきのみこと》
第三殿　家津御子神
第四殿　天照大神《あまてらすおおみかみ》（若宮）

その他、大斎原には石祠が残されているだけだが、それらの神々の名は以下のとおり。

第五殿　忍穂耳命《おしほみみのみこと》
第六殿　瓊瓊杵命《ににぎのみこと》
第七殿　彦穂穂出見命《ひこほほでみのみこと》
第八殿　鵜葺草葺不合命《うがやふきあえずのみこと》
第九殿　軻遇突智命《かぐつちのみこと》
第十殿　埴山姫命《はにやまひめのみこと》
第十一殿　弥都波能売命《みつはのめのみこと》
第十二殿　稚産霊命《わくむすびのみこと》

ここでは現在本宮にある第一殿から第四殿までをみておくと、当然ながら、そこには牟須美神、速玉神、家津御子神の名が列挙されている。天照大神が祀られ

熊野本宮大社の社殿

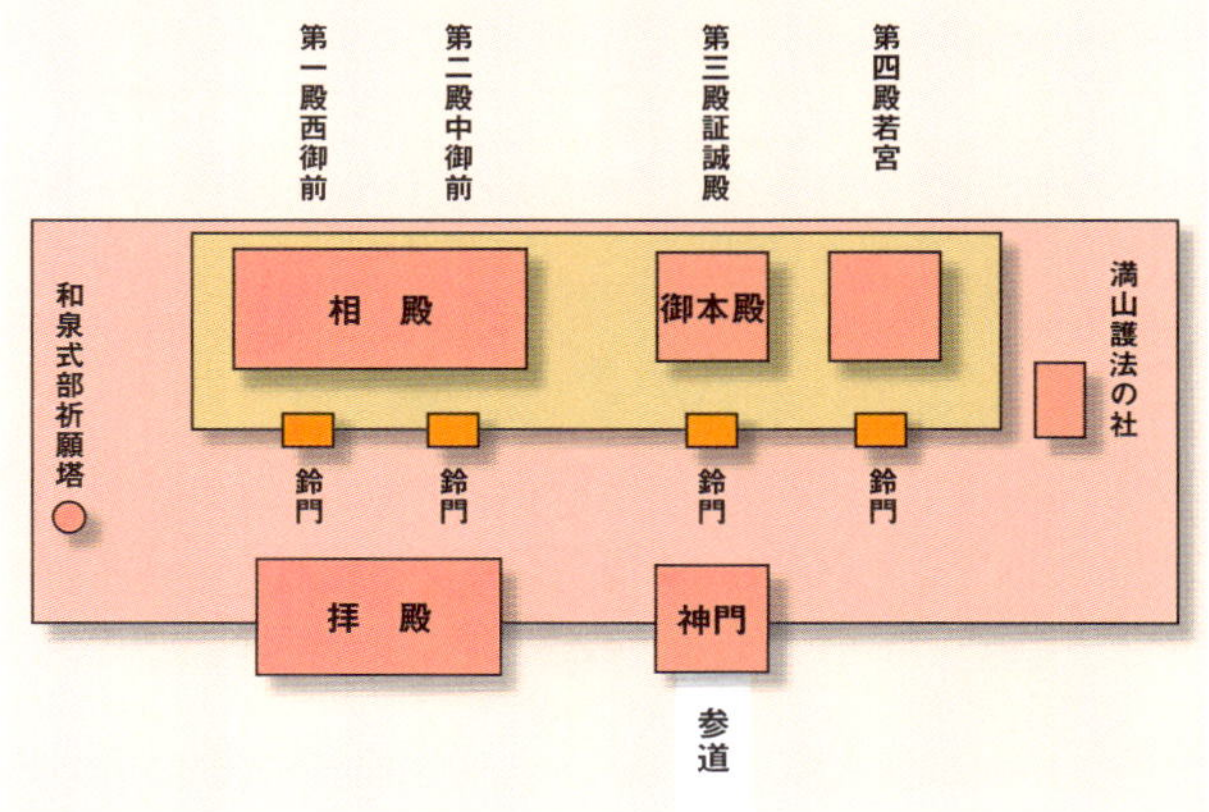

加藤隆久監修『熊野大神』などより作成

ているのはのちに記紀のパンテオンが入り込んだものと推定されるが、それよりも注目すべきは第一殿と第二殿が相殿《あいどの》（二つの社を成す）となっていることで、ここでも「速玉神」と「牟須美神」とのはっきりとした結合がみられることになる。

では次に、熊野速玉大社の場合をみてみると、第一殿は「結宮《むすびのみや》」、第二殿は「速玉宮」とされて大きく祀られ、上三殿は相殿とされている。

第一殿　熊野夫須美神、伊弉冉尊《いざなみのみこと》
第二殿　熊野速玉神、伊弉諾尊

熊野速玉大社の社殿

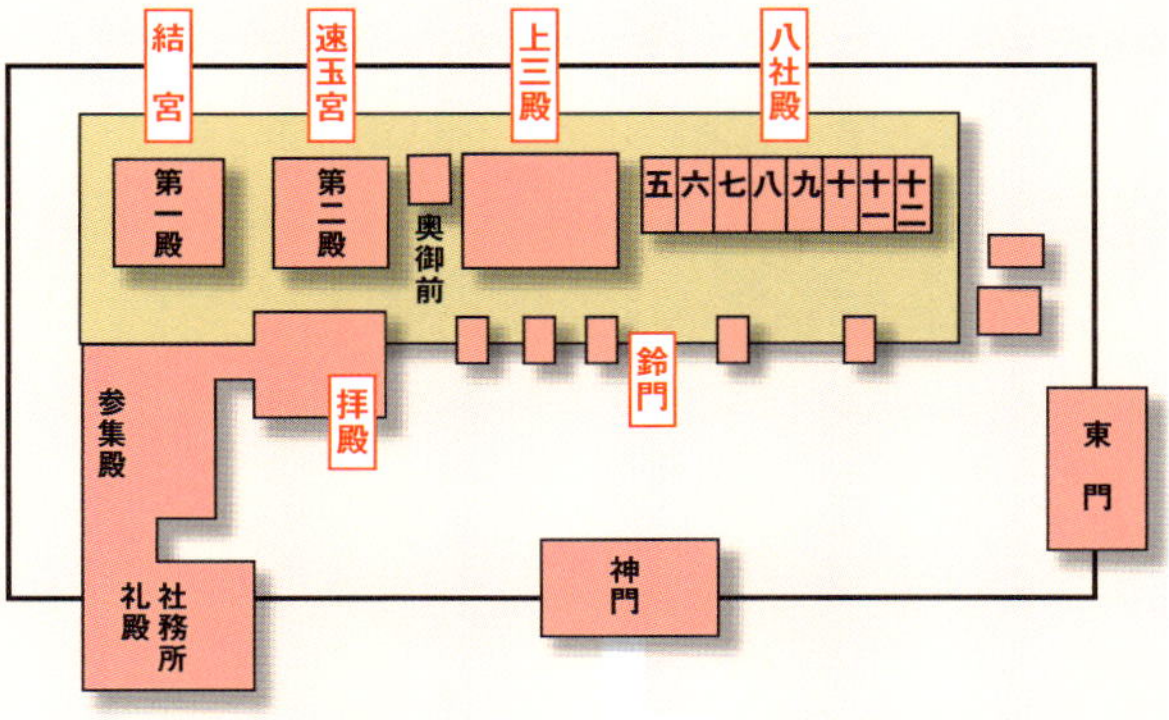

加藤隆久監修『熊野大神』などより作成

第三殿　家津御子神、国常立尊《くにのとこたちのみこと》

第四殿　天照大神（若宮）

第五殿以下はそれほど大きな違いはないので省略するが、ここの特徴は熊野三山に共通する十二社に高倉下命《たかくらじのみこと》を祀る神倉宮が加わっている点であろう。そして、ここでも「結」「夫須美」と表記は異なるが、夫須美神と速玉神が一対となって並んで主神とされていることに注目したい。

さらに、熊野那智大社の場合は、正面に第一殿から第五殿まであって、その西側に一棟だけ別にあり、そこには八社が相殿として祀られている。

第一殿　大己貴命《おおなむちのみこと》（滝宮）

第二殿　家津御子神、国常立尊

第三殿　熊野速玉神、伊弉諾尊

第四殿　熊野夫須美神、伊弉冉尊

第五殿　天照大神（若宮）

やはり、第六殿以下にはそれほど変化はなく、ここの特徴は第一殿に滝宮が加わっていることであろう。こちらの主神は熊野夫須美神であるため第四殿がやや大きめにつくられている。

ここで那智大社について一言付け加えておくと、そこは平安時代以降、神仏一体の観音信仰の聖地として人々の崇拝を集めることになるのだが、むしろかなり古くから自然崇拝の対象とされていたことも忘れてはならない。いわゆる水神信仰である。垂直に百三十三メートル落下する滝。巨大な水の柱のとどろきのような音が響きわたる。岩肌に水の影が揺らめいている。みごとに美しい。ここでは滝そのものが大己貴命を祀っている飛瀧《ひろう》神社のご神体とされている（飛瀧神社内の滝つぼに近い場所にあるいくつかの岩はなかなかみごとである）。社伝には、神武天皇が熊野灘から那智の海岸「にしきうら」に上陸するとき、那智の山に光り輝くものを見て、この大滝を発見したとある。先にも述べたが、花山院が観音菩薩に救いを求め那智の滝上流の二の滝付近の円城寺に参籠し、霊験を得たのはよく知

熊野那智大社

那智大社の社殿配置図

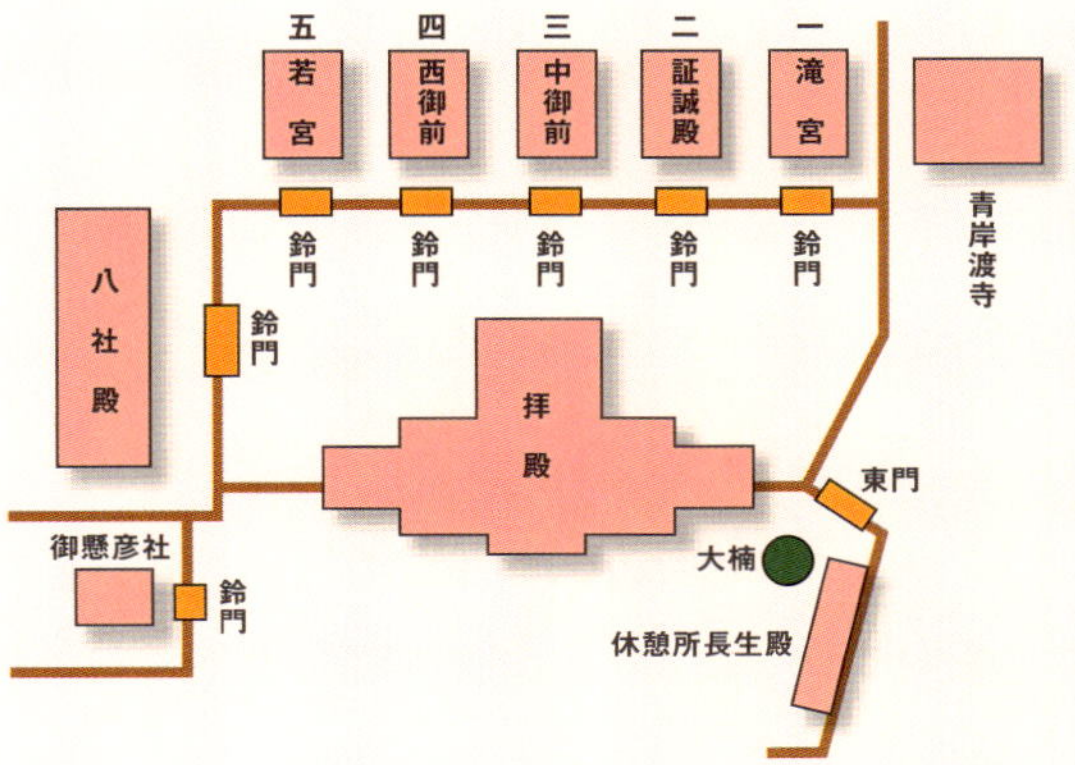

加藤隆久監修『熊野大神』などより作成

られたことである。六四五年（大化元年）付けの牟婁郡の郡印が残されていることから、すでにその頃から那智は本宮や新宮に勝るとも劣らぬ重要な聖地として認識されていたことがわかる。

こうしてみてくると、三社の基本的な社殿構成にはそんなに大きな違いはなく、ただ、速玉大社に高倉下命を祀る神倉宮、那智大社に滝宮が加わっただけとみなすこともできる。ただし、もともと本宮大社は一八八九年の大洪水によって流されて以降社殿の構成を変えているし、速玉大社も一八八三年の大火ですべて焼かれてからしばしば社殿の構成が変わったという点には注意する必要があるだろう。本宮大社の場合は第五殿以下を石祠として大斎原に残してあるし、速玉大社の場合は第二殿を切り離して、上三殿を相殿にしている。つまり、すべてに共通しているのは、第一、二、三、四殿に重要な神格が祀られていることであるが、さらに穿った見方をすると、本宮の第一殿と第二殿が相殿となっており、第三殿との間に境界（塀）が引かれていた点を考慮に入れると、おそらく速玉神と牟須美神とは一対の神として祀られており、新宮にならって速玉神は男性性、牟須美神は女性性を表していると理解することができるだろう。

そうなると、「タマ」を「ムスブ」ということで、熊野における中心的な神格である熊野坐神の姿がおぼろげながらに浮かび上がってくる。本宮大社において、拝殿が家津御子神に向かってではなく、牟須美神・速玉神を祀る相殿の前にあることの説明もつくことになる。もちろんそうだからといって、家津御子神が軽視されるということではなく、先にも述べたとおり、主神・家津御子神は牟須美神と速玉神によって生まれた豊饒《ほうじょう》の神として、ほぼ同格とみて差し支えないのではないかと思われる。

家津御子神、速玉神、牟須美神は、実際はそうはっきりと分化しているわけではないということである。ただ、それで問題が片づいたわけではない。小山靖憲は、九八四年（永観二年）に源為憲が撰んだ仏教説話集『三宝絵詞《さんぼうえことば》』の「熊野八講会」の項に次のようにある、と指摘している。★2

紀伊国牟婁郡ニ神イマス。熊野両所、証誠一所トナヅケタテマツレリ。両所ハ母ト娘ト也。結、早玉ト申《モウス》。一所ハソエル社也。此山ノ本神ト申。新宮、本宮ニミナ八講ヲオコナウ。

すなわち、「熊野両所」は「結、早玉」を指し、「証誠一所」は家津御子神を指すというのであろうが、問題は「両所ハ母ト娘ト也」という語句である。この「母ト娘ト」の意味するところがもう一つよくわからない。牟須美（夫須美）神・速玉（早玉）神はともに女性神格として考えられていたこともあるのだろうか。いずれにしても、それら熊野独自の神々がどのようにして現在のかたちをとるようになったのかをさらに考えてみたい。

20 串本、古座を歩く

信仰とはいかなるものなのか。それははっきりと頭のなかで整理できるようなものではない。そこには奇異奇怪なことがいっぱい含み込まれているはずだし、それがごく普通の生活のなかにも入り込んで共存しているにちがいない。そうなると、信仰についてその核心を知ろうとして、伊弉諾尊《いざなきのみこと》・伊弉冉尊《いざなみのみこと》とか天照大神《あまてらすおおみかみ》とか素戔嗚尊《すさのおのみこと》とかいう名にこだわれば、逆に足を引っぱられることになるかもしれない。社殿をもたない神社をテーマに、

木葉神社

南紀の古座、串本近辺を調査したときには、そんなことを考えていた。
二〇〇八年の初夏、東京を発つときにぼくの頭にあったのは串本町の矢倉《やくら》神社と木葉《このは》神社くらいで、一応「神社」であるにもかかわらず、磐座《いわくら》はおろか、「そこには何もない」ということが特に興味を引いた点だった。あまりに調査目的が漠然としているのは自分でもわかっていた。だが、それらに南紀の磐座信仰を重ね合わせれば、何かが見えてくるという期待もあった。あまり前もって詳しく調べすぎないほうがいい結果をもたらすものなのだ。
それまで、紀伊半島西岸では、田辺には

木葉神社

数え切れないほど来ていた。和深《わぶか》まで来て宿泊したこともあり、ほぼ串本まで入っているわけではあるけれど、潮岬《しおのみさき》のある本州最南端までは来たことがなかった。そして、紀伊半島東岸では、熊野市から那智勝浦まではしばしば訪れていたが、そこから先まで足を延ばすことはなかった。今回の調査で、ようやくその隙間を埋めるかたちになった。

南紀地方を代表する景勝地「橋杭岩《はしくいいわ》」（串本町）は、千四百万年前に熊野層群（堆積岩）の割れ目から高圧のマグマが噴出した火成岩脈だということである。「一枚岩」に代表される「古座川峡《こざがわきょう》」（古座川町）は、三日月形に連なるリングダイクと呼ばれる火成岩脈に沿っていて、岩脈の東端は那智勝浦町の赤島《あかじま》にまで達し、岩脈近くでは勝浦温泉や湯川温泉が湧出している。★1 どちらかといえば、ぼくの関心は古座川峡のほうに向けられていた。

このときの調査では、まず串本の矢倉神社から潮御崎《しおのみさき》神社に向かう予定だった。ところが、串本町高富にあるという矢倉神社を見つけるのは、そう簡単なことではなかった。地図で確認したところでは十分もかからないところなのだが、地元のタクシーの運転手は知らないという。無線のやりとりから、串本町高富にあるのは「高倉《たかくら》神社」であって、そこには「矢倉神社」はないと指示されているようだった。

南紀の古い信仰に磐座信仰があるのはこれまでにも繰り返し調べてきたことである。現在、ごとびき岩がある神倉神社の祭神は高倉下命《たかくらじのみこと》となっているが、本来はもっと原始的な信仰がバックボーンとなっているのではないかと思っている。高倉下とは神武天皇を助けた土着の地主神とされているが、それより高倉下の「倉」にこそ意味があるのではないかと思っていた。神倉、高倉、丹倉《あかぐら》、矢倉、それぞれ磐座への敬称を指しているとみてまちがいなさそうである。そうなると、ここで矢倉か高倉かというのもそれほど大きな違いではなく、ただの呼称の問題

橋杭岩

かもしれないのである。

高富の矢倉神社、いや高倉神社は田畑の合間を入る小高いこんもりと木々が繁っている丘にあった。すぐにそれとわかる形状ではあったが、看板一つなく、そこが高倉神社なのかどうかたしかめようがない。ただし、入口の石段下から眺めるだけで、そこが尋常ではない場所だということはわかった。猪除けの電線が張られているが、昼間は触れてもだいじょうぶだと書かれている。狭い石段を登るが、その奥は暗くて見えない。そして、石段を登りきって鳥居をくぐると、そこには何もない質素な空間が広がっている。ただ、きわめて好ましい空気がただよっている。しかし、数少ない資料にあった「もと、矢倉神社の境内であったところに、幹周り5mを超えるシイの大木、古木が林立しています」という記述とは一致しない。たしかに椎《しい》の林に囲まれているが、どう見ても幹周り二十センチくらいしかない。どうやらここは目的の矢倉神社ではなさそうだと思い、石段下のおばあさんに確認すると、「ここはたしかに矢倉神社ですよ」という返事。たしかに社殿はなく、きわめて質素でありながら、どこか気品もあり、神社としては文句はないのだが、そこが目指す矢倉神社かどうかはやはり確認できないままに終わった。

しかし、その翌日、那智勝浦町役場の芝先隆さんの計らいで、矢倉神社を代々お世話しているという矢倉甚兵衛さんにお目にかかれることになった。頼んでおいたタクシーに乗り込んで行き先を告げると、今度の運転手は「はあ、わかりました」と言った後で、「で、その矢倉神社にはおいでになったんですか」と言う。「ええ、昨日、高富の矢倉神社に行ってきました」と言うと、「いや、そこは高倉神社ではないですか。矢倉神社ならこの町内にありますよ」と言う。「矢倉甚兵衛さんのお宅の近くだから、先にそこに寄りますか？」。そんなわけで、甚兵衛さん宅の近くにあるという矢倉神社を訪れることができた。

その矢倉神社は、さらに質素で、木々が茂っているこぢんまりとした何もない空間だった。そこは南西諸島の御嶽《うたき》を思わせるようなところで、見た瞬間、ここが目的の矢倉神社かもしれないという気がした。よくここが、こんなかたちで現在まで残されたものだというのが率直な感想だった。広さはほぼ十メートル四方で、狭いながらも、なかなか気持ちのいい空間である。いまは干上がっているが、小さな井戸のような石組みだけが残されており、そこで禊の行事が行われたのではないかと想像された。いまはその井戸の石組みが信仰の対象になっているようだった。ただし、その背後を調べると、なだらかに上がっていって、なんとそこからわずか五メートルくらいのところに紀勢本線の線路が敷かれていたのだった。

つまり、ここは実は背後の高い丘と結びついた信仰の地であったのが、線路が敷設されて、真っ二つに切断されてしまったのである。そういう意味ではもはや原形をとどめていないのだが、それでも明らかにそこには何かがあったという気配だけが残されている。しかし、ここも、「もと、矢倉神社の境内であったところに、幹周り5mを超えるシイの大木、古木が林立しています」という記述とは合致しない。

矢倉甚兵衛さんによると、以前には、田《た》

矢倉神社

島《しま》という家が代々神社の世話をしていたのだが、自分の家が引き継いでからは、七月の第一日曜に例祭が執り行われている以外には特別な行事は行われていないとのことだった。ただ、彼から、「矢倉神社が鉄道で分断される前は、森とひとつながりになっていて、井戸の水もとぎれることがなかったらしい」という先代らの思い出話を聞いて、やはりあの線路の向こう側の森も矢倉神社の一部だったのだと改めて納得したのだった。

三重・和歌山では明治の神社合祀の嵐によって、多くの神社が取り壊されており、いまやそれ以前のかたちを求めるのはむずかしい。ただ、こうしてわずかながらも痕跡のように残されている社や祠や塚を探し求めると、そこには必ずほのかに神の気配がただよっているから不思議である。

21 潮御崎神社

潮岬の先端に、潮御崎《しおのみさき》神社がある。少彦名命《すくなびこなのみこと》が「行きて熊野の御碕《みさき》に至りて、遂に常世郷《とこよのくに》に適《いでま》しぬ」(『日本書紀』)と書かれた「熊野の御碕」のことであろう。いまでもそこには祭神として少彦名命が祀られている。

　さすがに本殿もみごとではあったのだが、潮崎勝之宮司から、「海辺に下りるとそこに洞窟があり、古くから信仰の対象になっています」と聞くやいなや、胸が騒いで、どうしてもそこまで下りてみたいと言わないではいられなくなった。宮司は、木々の生い茂るなかを先にたって下り、案内してくれた。そしてぼくは、詳しい説明を聞きながら、ここもまた特別な地であることに気づき始めていた。その洞窟は静《しず》の窟《いわや》と呼ばれており、いまは海水が満ちていて奥まで入れないが、先まで進むと高いところにまるで明かりとり光が射し込む場所もあって、そこで祈りが捧げられるという。なんにしてもその洞窟の形状は尋常ではない。あたかも太古の信仰と人間の営為との出会いのかたちが想像できるようだった。

　その後、われわれはそこから数百メートル先にある高塚の森に入っていった。そこもまたかなり特別な場所なのだった。というのも、そこはかつて太陽祭祀が行われていた最古の信仰スペースだということで、以前にちょっと話題になった場所だったのである。★1 それについては新聞の切抜きも入手していたのだが、疑問に感じる点もあり、やや警戒しなが

潮御崎神社

ら森の奥まで入っていった。ところが、宮司は、あっさりと「（太陽祭祀については）どこまでが本当かなかなかむずかしいと思うのですが」と疑問を投げかけてくれたので、それなら素直に自分の感覚をたよりにその場所を見てみようという気になったのだった。

そこは二万八千平方メートルという途方もない広さをもち、その森の奥には、三段に高さが異なるようにつくられている祭祀場らしき空間（奥へ行くほどやや高くなる）があり、さらに塚のようなもので外部と区切られていたので、どう考えても人の手が加わった特別な場所としか

潮岬から海を望む

見えなかった。しかも、最後にたどり着いた磐座《いわくら》はそれはみごとなものだった。夏至の太陽がちょうど磐座の背後から昇るように配置されており、それだけを見ても、ここがなんらかの信仰の地であったことはたしかだと思われる。ここで何か祭祀が行われたことを否定することはできないが、ただし、いまとなっては実際どのようなことが行われていたかは検証しようがない。

潮御崎神社には是非ともまた戻ってこなければならない。そう思った。このときの調査では、わずかな時間でいろいろなことがあった。しかし、それはまだこ

潮御崎神社

れから起こるさまざまなことのほんの始まりにすぎなかった。旅で何かが見つかるのではない。それはすでに見つかっているのだ。旅はそれを永遠のものにするためにあるのであって、それ以上のものを期待してはならない。しかし、この世にそれ以上のものなど果たしてあるのだろうか？

22

「嶽さん」

嶽さん(嶽ノ森山)

かつて人類学者のレヴィ=ストロースの論文を読んでいたら、次の一節につきあたった。「正常な思考はつねに意味されるものの欠如に悩むのに対して、いわゆる病的な思考は、(少なくとも発現のある場合においては、)意味するものの過多を利用する」[★1]。なかなか意味深な言葉ではないか。つまり、そこにあるのがただの石ころだとして、われわれは通常それがもつ意味についてはそう簡単に理解できないが、病的な思考にとっては、どの石もみなさまざまに結びついて特別な世界(磐座《いわくら》とか神籬《ひもろぎ》とか)を形成するということであろう。想像力は後者のものだ。夜空の星を結びつけて星座を導き出したのと同じ理屈である。しかし、そうするとまた過ちも避けられない。星を結ぶ線は無数にあるのに、どうして「白鳥」とか「蟹」とか特別な名を冠することができるのだろう。

聖地を調査しているとしばしば同じような問題にぶつかってしまう。どうして立派な鳥居に囲まれた由緒ある神社に向かわないで、どこにでもありそうな小さな祭場や聖域に特別な感情をもってしまうのだろうか。たしかにそこは他の場所とは何かが違っている。しかし、そんな感覚をたよりに動きまわっていて、いったい何が見つかるというのだろうか。

司馬遼太郎は、『街道をゆく』の「熊野・古座街道」の章で、次のように書いている。

一枚岩（古座川）

「熊野では、浜からわずかに山に入っただけで、海の匂いが絶えてしまう。／古座街道の場合も、そうである。周参見《すさみ》の浜から周参見川の渓流ぞいに二、三キロも入れば鬱然とした樹叢で、梢《こずえ》にも根方にも太古の気がひそんでいる。杉の木が多いが、若い杉にまでなんだか霊気が湧いているようで、中世の熊野信仰のおこりは、存外こういうことが要素のひとつになっているのかと思われる[★2]」。

二〇〇八年初夏の調査では、地元の古座川の方々にお世話になった[★3]。集合場所の一枚岩は、緑いっぱいの山を巨大なチェーンソーで斜めに切り落としたような形状をしている。まずその巨大さに驚かされる。高さ百メートル、横幅は五百メートルにも及ぶ。近くにいると全体がカメラのファインダーのなかに収まらない。その前を流れるのが古座川で、大《おお》塔山《とうさん》から熊野灘に流れ込む、いまやなかなか見ることができない日本屈指の清流である。そこから、まず、嶽《だけ》ノ森山《もりやま》に登り、峯という集落まで歩いて、また車に乗るということで、ほぼ一時間半の道程だとのことだった。

というわけで、嶽ノ森山、通称「嶽《だけ》さん」を登り始める。「嶽さん」はトレッキングにぴったりなところで、想像していたよりも大変ではなかったが、それもこの地に詳しい先

嶽さん（嶽ノ森山）

達がいたからで、自分たちだけではこうはいかなかっただろう。けっこうな難所もあり、とりわけ最後の岩場はロープで上がらなければならない。ほとんど垂直に登っていく感じで、落伍者も出た。狭い頂上には祠があり、そこに立つと三六〇度の絶景が広がっている。この「嶽さん」は下から見てもわかるのだが、上ノ峰（雄嶽）と下ノ峰（雌嶽）から成っており、このとき登ったのは上ノ峰だった。そこからすぐ近くに下ノ峰の頂上が見えるのだが、それはよく見ると巨人の顔に見えるという。下ノ峰の頂上に至る最後の岩壁もほぼ垂直のかたちになっており、なかなか厳しそうな様相を示していた。

いずれにしても、ここは明らかに修験の信仰の場だった。自然に属しているにもかかわらず、人の入り込んだ跡もわずかに感じられるという、修験や山岳修行に特有の空間がそこにあった。いまではかなり整備されているが、かつてはもっと難儀な道筋だったのだろう。何しろこの一帯は屋久島と並ぶ多雨地帯であり、いったん雨が降り出したら、どこをどうたどればいいのか見当もつかなくなるのだった。

そこから古座川町の峯集落までは比較的楽な道のりである。そして、峯に着いてびっくりしたのは、ここにも矢倉《やくら》神社があったことである。いや、結論からいうと、串本で探し

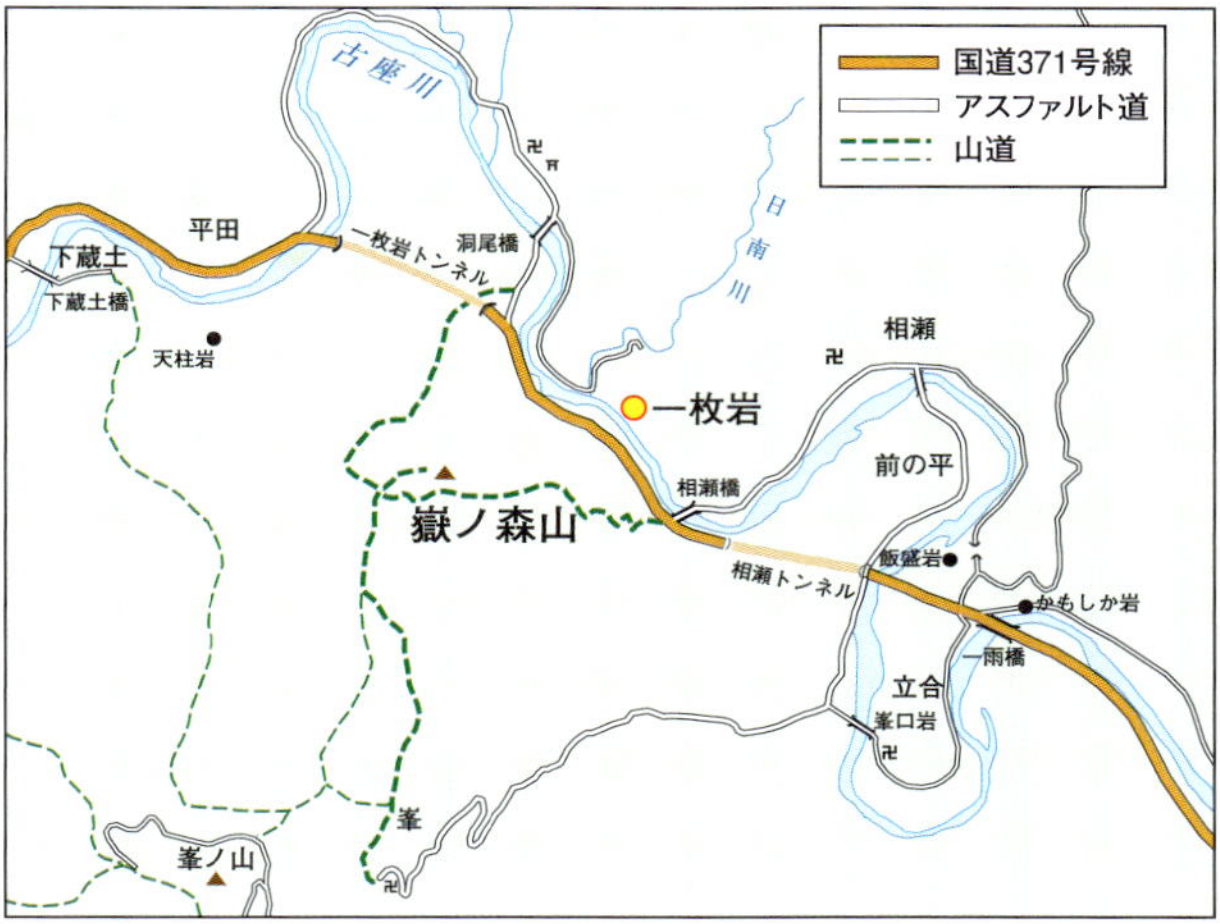

ていた矢倉神社は実はここのことだったのである。こちらの矢倉神社は、「もと、矢倉神社の境内であったところに、幹周り5mを超えるシイの大木、古木が林立しています」という記述どおりのところだった。社殿も何もなく、崩れかけたような磐座の周囲を椎の木が囲い込んでいるといったもので、そのうちだれもそこが聖域だったとは気づかなくなるにちがいない。

　そもそも矢倉神社は、古座川町をはじめ、すさみ町や串本町（高富、田並、田子）に広く祀られており、野本寛一は、串本町田並の矢倉神社について次のように記している。

「当社は田並の山あいへ約二・五キロほど

入った路傍の山裾にあり、社殿がない。杉・檜の植林の一画に椎・杉の古木に蔽《おお》われた部分があり、山の斜面を拝する形で、一辺一間半・高さが五〇センチほどのコの字形の石垣を設けて拝所としている。コの字の両端入口に燈籠を置き、突き当たり中央に径二五センチほどの丸石を据え、御幣を立ててある。そして、その丸石の前には榊が立てられ、小さい玉石が手向けられている。現在の形は、この丸石が神体的磐座となっているのであるが、本来は、森そのものが神の座であり、丸石は手向け石だったと考えられる。手向け石から磐座へと転換したものであろう。祭日は十二月八日で、社前において湯立てが行われる」★4。

多少の違いはあるものの、矢倉神社はだいたいそのような立地の下にあり、コの字形の石組みをつくり、そこに白い浜石を手向けて祈ることが多いようである。このことはまたもや「海神のやどる霊石」(石神《しやくじん》)を連想させる。すでに述べたように、海神からもらった潮満珠《しおみつたま》・潮干珠《しおひるたま》という海水を支配する呪石によって、航海の安全や風雨の順調が祈願されたのであり、また時には出産の呪物として古くから信仰されてきたのだった。

峯集落は、かつては山岳修行者にとって重要なルートに属していて、かなり信仰色が濃い場所であった。この矢倉神社だけではなく、古い薬師堂まで建てられている。しかし、いまや全戸数四戸、しかもそのうち二戸は居住していないということだった。本当の信仰の地は、いまやどこも風前の灯なのである。

　修験や山岳修行者が歩いた聖なる空間は、けっして吉野・大峯にかぎられるわけではなく、南紀全体を探索してみると神の気配を感じさせる場所がいくつも存在している。それを線で結びつけて原・熊野の信仰の軌跡を明らかにしたいとも思うのだが、どこも過疎地と化しており、そんな思いもいまやかなわない。

　それにしても古座川やその周辺はすばらしいところで、司馬遼太郎がここに別荘をもった気持ちもよくわかる。天柱岩、少女峰（昔暴漢に襲われた少女が岩の頂まで追いつめられてそこから身を投げたと伝えられる）、飯盛山、河内《こうち》神社、滝《たき》の拝《はい》などが

天柱岩（古座川）

滝の拝（古座川）

虫喰岩（古座川）

あるが、とりわけ印象的なのは「祓《はら》いの宮《みや》」と「吐生《はぶ》の滝」。おそらくこういうところこそが、聖地の原型というべきところなのだろうと実感できる。そこには社殿もなく、特別な拝所もなく、木立に囲まれてただひっそりと存在しているのだった。そこにあるのはわずかな目印だけで、特別なものは何もない。しかも、ただ自然のままというのともまた違っている。

たとえば、自然にちょっとでも手を加えると、それはもうすでに自分たちの外側の存在ではなくて、われわれの内側へと入ってくる。そして、安堵する。そのくらいのかすかな変化はみてとれる。しかし、いろいろ手を尽くしても、あくまで自然は自然のままなのではないかという疑念もまた心を離れない。もともと自然は自分たちとはなんのかかわりもないところにあったのかもしれない。それを軽々と「わかった」と納得していいのだろうか。「わかった」は「わかったではない」。祓いの宮や吐生の滝はわれわれにそう告げている。すべては明らかなのに謎でいっぱいなのである。

ホルヘ・ルイス・ボルヘスは『アトラス』のなかで、「未知のものを発見するのは、何もシンドバッドや、赤毛のエリック（グリーンランドを発見した探検家）や、コペルニクスの専売特許とは限らない。発見者たり得ない人間など一人として存在しない」と書いている。[★5] ぼくが見つけたいと思っているものは、自分のなかではすでに発見されているのではなかろうか。それなのに、ただ知らんぷりしながら生きているだけなのかもしれない。でも、それでいったい何がいけないのか？　生きるというのはそのようにして迷宮をさまようことを意味しているのではなかろうか。

23 修験道とはいったい何か？

それにしても、修験や聖《ひじり》が歩いて修行し始めたのは果たしていつのことだろう。多くの修行者が熊野の山林に分け入ってそれぞれ祈りを続けたとして、それと修験道の成立とはどのように重なり合うのだろうか。そもそも修験道とはいかなる宗教なのか。その起源はどこにあるのか。それは仏教に属するのか、それとも神道に属するのか——。

修験道についてはわかっていないことが多々ある。それでも、一般的には、修験道とは、日本古来の山岳信仰に、神道、さらには仏教・道教・儒教・陰陽道などの影響が加わって

熊野速玉神社境内

一つのかたちを成したものという了解はなされている。開祖を七世紀に実在した役小角《えんのおづぬ》としているが、しかし、それを歴史的事実とするにはあまりに根拠が薄弱であるように思われる。ちなみに役小角については『続日本紀《しょくにほんぎ》』（七九七年）の文《もん》武《む》天皇三年（六九九年）の条にもその名がみえるが、おそらく多くの山岳修行者の集合的（象徴的）名称とでもいうべきものではなかったか。

そもそも中国の史書、『魏志倭人伝』『後漢書倭伝』『宋書倭国伝』『隋書倭国伝』などの記述により、日本という国が成立する以前にも、そこには多くの人びとが住み、祭事を執り行っていたのが知られている。五七年（建武中元二年）に倭の奴国が光武帝に朝貢した記録はよく引き合いに出されるが、一〇七年（安帝の永初元年）にも、倭の国王は後漢に謁見を求めているし、西暦二世紀も後半に入ると、いよいよ卑弥呼《ひみこ》についての記述が登場してくる。卑弥呼は「鬼神の道につかえ」というが、それはシャーマニズムというよりはるかに「神道」に近いものではなかったか。多くの祭事が執り行われていたこともわかっており、その背景には多くの在野の山岳修行者や呪術師らが活躍していたように思われる。縄文・弥生の祭具などの発掘状況からして、この国の宗教のかたちは、少なくとも仏教伝来の六世紀から遡ること五百年以上も前にある程度成立していたと考えられるのである。

それはともかく、宗教学の立場からの修験道の理解についてここで少し触れておきたいのだが、それには大きく分けて以下の二つがあるようである。★1

(1)奈良時代以前に遡る原始宗教（五来重）。さらに庶民信仰のすべてがそこに含まれている。祈禱、唱え言、お呪いなど。すでに七世紀には仏教とは別に成立していたとする。

(2)中世に成立した日本固有の宗教（宮家準）。山岳宗教が仏教（特に密教）、道教などの影響を受けて十一〜十二世紀に一つの宗教体系として成立した。それは七世紀から十二世紀に至る成立期（世界観）、十六世紀までの確立期（教団組織化）、十九世紀までの展開期というように分類される。

つまり、役小角を開祖とする立場をとれば、修験道は七世紀に成立した日本独自の山岳宗教と理解されることになるが、平安後期になって観音信仰、浄土信仰が浸透し始めてからの山伏の登場を修験道の成立とすれば十二世紀末ということになる。たしかに「修験道」を一つのまとまった実体としてとらえようとしても、なかなか一筋縄ではいかないだろう。山間の呪術は七世紀よりはるか以前から流行しており、そこまで遡って考えないと、山中におけるさまざまな祭場跡の発見や祭具・経文などの出現については説明がつかないのではないか。久保田展弘は、「弘法大師空海が、中国の、当時の国際都市長安から密教を持ってくる以前に、すでに大和の葛城山《かつらぎさん》から吉野山・金峯山のあたりには、必ずしも大日如来を中心とはしない〈雑部密教《ぞうぶ》〉（＝雑密《ぞうみつ》）が活動していたものと思われる」としている。★2 彼ら山岳修行者らの信仰は、実際のところ、神道とも道教とも関係していたであろうが、とりわけ仏教の正式な伝来によって大きな影響を受け、さらに空海・最澄による密教の伝来によって、その理論的基礎がつくりあげられていったというのが全体の流れではないかと想像される。あくまでも彼らの信仰の根源には、病気を治したり作物の収穫を祈ったりする加持祈禱の類が取り入れられており、それこそが実践的な宗教である修験道成立のバックグラウンドとなっていたはずである。

八世紀から山岳修行が盛んになり、在俗者による金峯山への登拝が盛んになると、一般的な山岳修行の価値は薄れ、さらに奥駈修行が生み出されていくわけだが、その頃までには多くの行場が開かれることになっていった。たとえば、山上ヶ岳の麓の洞川《どろがわ》には龍泉寺があり、そこは当山派《とうざんは》修験の拠点の一つとなっているが、水行場としても広く知られている。大峯に入る人びとはまずそこで水垢離をするのが習いとなっていたのである。すぐ近くには「蟷螂《とうろう》の窟《いわや》」や「蝙蝠《こうもり》の窟《いわや》」など多くの修験の行場がある。

修験道の開祖とされる役小角こと役 行者《えんのぎょうじゃ》は、奈良時代に大峯山（山上ヶ岳）で一千日

龍泉寺

なで石（龍泉寺）

の修行に入って金剛蔵王権現を感得し、山上に祭祀したと伝えられており、一説にはそれが修験道の始まりとされている。まだ仏教が一般庶民に広がりをみせていない時代のことであった。そして、役小角が大峯開山のときに、蔵王権現に先立って感得した弁財天を鎮守として弥山《みせん》に勧請したのが、天河大弁財天《てんかわだいべんざいてん》社の始まりである。

　では、役小角は、山上ヶ岳で厳しい修行に励んでいたとき、なぜ「最初に」弁財天を感知したのだろうか。それというのも、天川および洞川は修験にとって大峯山系に入るきわめて重要な地点であったからである。そのような場所に女性神格である弁財天が祀られているというのは一見奇異な感じを与えるかもしれない。しかし、ここで思い出すのは高野山における丹生都比売《にうつひめ》の存在である。高野山の壇上伽藍には丹生明神と高野明神を祀る御《み》社《やしろ》が堂々と並んでいると書いたが、ここでも同じ構造が見られるということである。かつて、『聖地の想像力』のなかで、山上ヶ岳と弥山とは、あたかも男性原理と女性原理との対照を表すかのような位置づけにあると指摘したことがある。[★3] 修験の肉

天河大弁財天社

体鍛錬は男性原理であり、天川における「籠もり」や「瞑想」による受身の喜びは女性原理を表しているのではなかろうか。

天川を訪れるだれもが眠くなったり、温泉に入ったときのようなゆったりした感じを経験している。大峯とは対照的に天川では何もする必要がない。ただ、そこに抱かれて眠るだけでいいのである。

それについて、鎌田東

二は以下のように推測している。「開山の役行者は大峰山寺のある山上ヶ岳において厳しい修行に励んでいた折、最初に弁才天女を感応し、それを天河の地に祀ったという。この伝承の意味するところは、役行者が一番先に感応した弁才天女とはその土地の最も古い主神であったということだろう。後に『弥山』と讃えられるようになる霊峰より流れ落ちてくる天ノ川《てんかわ》の水源として、豊富で浄らかな水を司るこの地のヌシ神と讃仰《さんぎよう》されてきた女神が天河の神なのだ。その女神は、循環流動して生命を育み、天地をつなぐ媒体の神となる」★4。まさにそのとおりであろう。ここにも大地母神信仰のかすかな脈動が感じとれるのである。

日本の三大弁財天の一つに数えられているこの天河大弁財天社では、中央にその弁財天女、右に熊野権現、左に吉野権現（蔵王権現）が祀られており、神仏習合の形態をいまも色濃く残している。その社殿も小高くそびえる森（琵琶《びわ》山）の上に建てられている。ここは大峯修験の要《かなめ》の行場とされ、古来、高僧や修験者たちが集まったことでもよく知られており、空海のみならず、法然、親鸞、一遍、日蓮など、多くの名だたる高僧たちがこの地を訪れたという。実際に訪れてみると、とにかく「いつも何かに包まれている」ような不思議な気分になる。そして、南日裏《みなみひうら》の羅牟陀《らむだ》石、中谷《なかたに》の天鼓《てんこ》石など、いくつかの磐座《いわくら》を見てまわるだけで、あっというまに一日が終わってしまうのだった。★5

いずれにせよ、南紀一帯にはこのように修験が切り開いた行場や聖域が数かぎりなく存在している。熊野にそうした信仰の地を結ぶネットワークがはりめぐらされているのは、これまでみてきたとおりである。

24

玉置神社

玉置《たまき》神社は奈良県十津川《とつがわ》村にあるが、熊野の「奥の院」というキャッチフレーズで、多くの人びととの関心を集めてきた。修験の吉野・大峯奥駈《おくがけ》にとっても重要ポイントで、そこが特別な場所であることに異論はない。標高千メートルの境内には、樹齢三千年の神代杉《しんだいすぎ》をはじめ、常立杉《とこたちすぎ》、夫婦杉、磐余杉《いわれすぎ》など杉の巨木が聳《そび》え立っている。それだけでも、そこには尋常ではない何かがあると思わせられる。地下一メートルほどで固い岩盤につきあたるようなやせ地で、なぜこのような杉の巨木が生育したのか。そこには自然の不思議がひそんでいる。

同じように樹齢の長い巨木が多い屋久島と同様、花崗岩が隆起してできた土地の表面には、岩が風化してできた薄い土の層しかない。ちょっと掘ればすぐに岩盤につきあたる。土に栄養分は少なく、保水力は小さい。山間部に降った雨は一気に海に流れ落ちる。そういう場所で育った杉は成長が遅い。そして、その成長の遅さによって、普通よりも数倍多い樹脂が内部に保たれることになり、腐りにくく長寿につながるのである。[★1] このような自然と出会うことができる場所はそんなに多くはないが、そこでは自然があまりに逸脱したかたちをとっているのですぐわかる。たとえば、杉の寿命は数百年、ところがそれをはるかに超す巨木がたくさんあるということもその一つ。岩盤がミネラル分に富んでおり杉の生育に寄与するのか、すばらしい水源が近くにあってつねに栄養分を補給するのか、いくつかの条件を満たした場所が選ばれた聖地になるのである。

樹齢三千年という神代杉をさまざまな方向から観察してみると、それぞれまったく異なる樹木のように見えてくる。たしかに下に伸びた根はすぐに方向を変えて岩盤の上を這うようなかたちになり、その異様な姿はなかなか他では見られないし、ちょっと離れてその全体像を見てみるとどこか神々しさのようなものまで感じられる。また、玉置神社の祭神は国常立尊《くにのとこたちのみこと》、伊弉諾尊《いざなきのみこと》、伊弉冉尊《いざなみのみこと》、天照大神《あまてらすおおみかみ》、神日本磐余彦尊《かむやまといわれびこのみこと》（神武天皇）とされているが、ここにも古代からの岩楯信仰が強く息づいており、境内にも数多くの磐座《いわくら》が点在している。

なかでも注目すべきは玉石社《たまいし》で、頂上への道の近くに瑞垣《みずがき》で囲った一画があり、そのなかには白い小石がいっぱいに敷き詰められている。そして、よく見ると中央に黒っぽい丸石がわずかに顔を出している。ご神体「水がにじみ出る大岩」とはそれを指しているのだろうか。その丸石は、十津川の村おこしのために掘ったところ、いくら掘っても掘り起こ

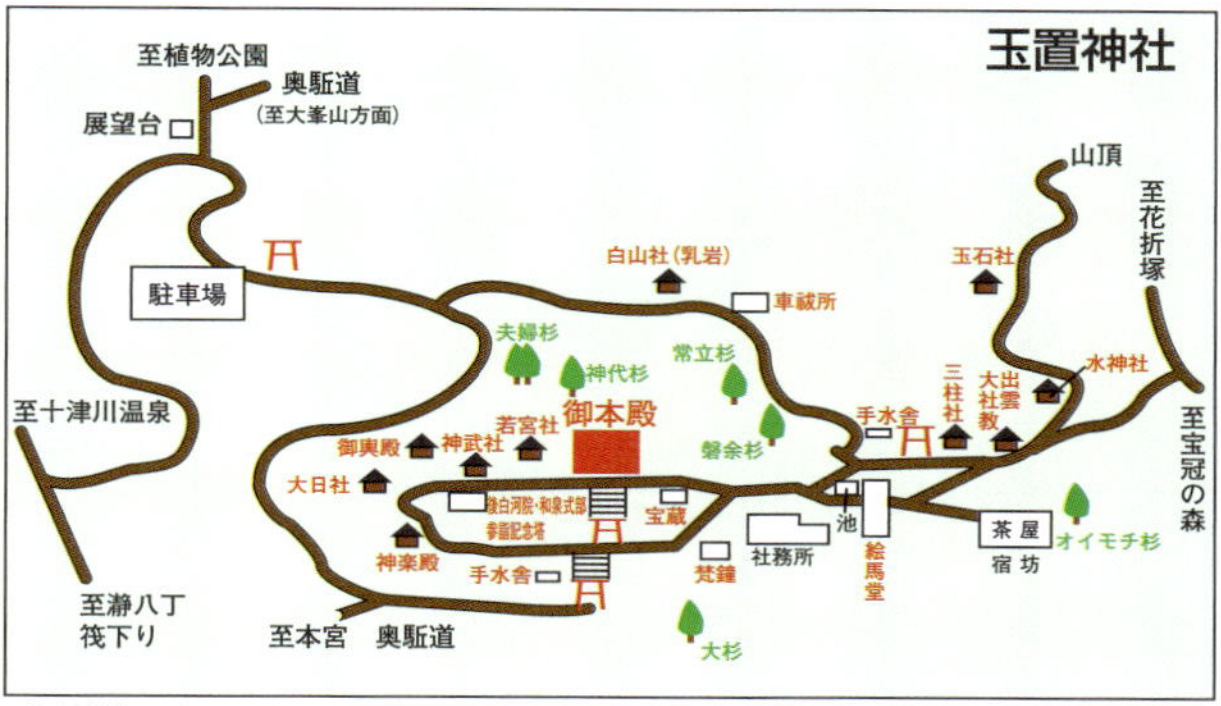

玉置神社公式ウェブサイトなどより作成

せないほど巨大だったということであり、その周辺からは古代の祭祀道具なども見つかっている。さらに、玉石社のすぐ横には三石社があり、それらもまた神聖な磐座として祀られている。

さらに、もっとも興味を引くべきは白山社と呼ばれる一画であり、巨大な磐座というか磐楯《いわだて》で、その形状は丹倉《あかぐら》神社や神内《こうのうち》神社のご神体ともよく似ている。祭神は菊理媛《くくりひめ》とされている。彼女は白山の女神で、『日本書紀』にわずか一行だけ登場する神格である。ただし、それがきわめて印象的でもある。伊弉諾尊、伊弉冉尊は多くの神々を産んだが、最後に伊弉冉尊は火の神軻遇突智《かぐつち》を産んで黄泉の国へ行く。伊弉諾尊は彼女を訪ねるが、変わり果てた伊弉冉尊の姿に怯えた伊弉諾尊は黄泉の入口（よもつひ

夫婦杉（玉置神社）

白山社（玉置神社）

らさか）まで逃げ帰ってくる。そこでの争いの最中に菊理媛が伊弉諾尊に何かを言うと、伊弉諾尊はそれを聞いて媛をほめた後、その場を去るのである。それだけで、彼女が何を言ったのかはどこにも書かれていない。また、なぜそこに彼女がいたのかも、彼女がどういう神なのかもいっさい記述がない。彼女は水の神であるとか（水をくくる）、伊弉諾尊の母であるとか諸説あるが、白山信仰との結びつきについても明らかではない。

たしかに玉置神社が特別な場所であることはまちがいないのだが、熊野本宮大社に対する奥の院かどうかはだれにもわ

玉石社（玉置神社）

からない。そこはただ大丹倉《おおにぐら》や丹倉神社、大馬《おおま》神社などと同じく修験によってその地位を確立した古い信仰の地の一つなのではないか。熊野全体にもいえることだが、聖域とされるような場所の条件は、特殊な力をもった岩（磐座）をメルクマールとしながら、水源に近く清らかな流れに恵まれ、海からすぐに陸が隆起したような地形を背景としている。

　もちろん地殻変動とも深くかかわっている。ここでちょっと熊野の地勢的特徴について触れておきたい。

　熊野酸性火成岩は、那智から熊野川を渡り、三重県の尾鷲へと、広く紀南を覆

玉石社へ（玉置神社）

っている。熊野には休火山はおろか死火山もないのに、ひときわ硬い火成岩や変質岩が多いのは謎だとされてきたし、しかも、火山帯に沿って湧出するはずの温泉源が五百以上あるのも常識をはずれている。★2 これについては長い間研究が行われてきたがその理由はどうもはっきりとしなかった。おそらくかつて地下深くにあったマグマが噴出したことを表しているのだろうとは予測がつくのだが、そのはっきりとした痕跡は見つけられなかった。

那智の滝も、この酸性火成岩と推積岩である熊野層群との境にかかる滝で、熊野酸性火成岩に覆われたところは、各所に柱状節理の岩壁をつくりだし、絶壁ができ、滝がかかる。小板橋淳によれば、「熊野酸性火成岩は柱状節理の岩壁ばかりでなく、那智色川奥、坂足のボウズ石や、熊野川町小口奥、兵連《ひょうれん》の奇岩壁のような、丸みのある岩をも造り出した」という。神倉山中腹のごとびき岩などもその一つだということである。★3

熊野周辺には、日本最古といわれる湯の峰温泉、川底か

菊理媛（筆者撮影）

川湯温泉

ら湯が湧き出る川湯温泉、源泉の数が群を抜いて多い勝浦温泉、奈良県側には湯量の豊富な十津川温泉郷など、多くの温泉がある。これらは、熊野酸性火成岩を形成したマグマの噴出活動によってできた、さまざまな岩脈に沿って分布している[★4]。湯の峰温泉の川床の岩盤の割れ目からは九十二度くらいの熱い源泉が湧きあがってくる。中世の記録によれば、本宮に参拝する際には、湯の峰温泉で湯垢離《ゆごり》をして身を清め、その後、夜になって大斎原《おおゆのはら》に入ったという。湯垢離には、ただ旅の疲れを癒すというだけではなく、生命力の充塡という意味もあっただろう。

熊野天狗鍛冶屋敷跡

小栗判官の章で触れた湯の峰温泉の話を思い出してほしい。

　さらに、古座から那智勝浦、新宮市や熊野川町にかけて鉱山跡が点在しているが、地表に噴出したマグマが冷却固結したときにマグマ内の成分が凝集して鉱床が生じるのであるから、それが温泉と深くかかわっているのは当然のことであろう。そして、その多くは山岳修行者、修験、聖《ひじり》、優婆塞らが修行の場に選んだ場所ともなっている。たとえば、大丹倉は修験の行場だということははっきりしているが、そこへの道筋に熊野天狗鍛冶の屋敷跡があるのは興味深い。天狗鍛冶＝

大丹倉

近藤兵衛は武士であるとともに修験者であり、この場所で鍛冶を職としていながら、夜になれば大丹倉の岩壁に籠もり、荒行をする行者でもあった。その神出鬼没の行状から人びとは彼を天狗と呼ぶようになったというのだが、このように、「源泉」と「修験の行場」と「鉱山跡」とはしばしば重なり合う傾向にあったのである。

そうしたことも含めて、ぼくは熊野の地勢的な特徴を「潜在火山性」と呼ぶことにしたのだが、このことに関して近年さまざまなことが明らかになってきている。

25 潜在火山性

先に『隋書倭国伝』を引用したとき、阿蘇では古くから火山信仰が行われていて、のちにそれを中心に山岳信仰の場として阿蘇のカルデラの外縁には古坊中が栄えるようになり、阿蘇の火口付近は三十七坊中五十一庵が立ち並ぶ一大霊場と化したと書いた。『隋書倭国伝』は七世紀に中国で書かれた史書であり、聖徳太子が隋の煬帝《ようだい》に宛てたという「日出ずる処の天子、書を日没する処の天子に致す、恙《つつが》なきや」という一節でも有名だが、そのすぐ前にそうした火山信仰について書かれた一節があることはあまり知られていない。それが前にも引用した以下の一節である。

阿蘇山あり。その石、故なくして火起り天に接する者、俗以て異となし、因って禱祭を行う。如意宝珠あり。その色青く、大いさ雞卵の如く、夜は則ち光あり。いう魚の眼精なりと。

つまり、当時の阿蘇山はかなり特別な場所だったということである。飛鳥を訪れたはずの隋の使いがなぜ阿蘇について書き記したかというと、そこが当時の大和朝廷にとっても重大な意味をもっていたからにちがいない。そう、阿蘇山は、かなり古くから信仰の対象であったことにまちがいなく、そこにはすでに多くの山岳修行者らが集まってきていたのである。阿蘇神社の祭神、健磐龍命《たけいわたつのみこと》はもともと火山神であったが、その後さまざまな恩寵をもたらす神として祀られることになる。そして、いまではまったく往時の古坊中の姿を想像することもできないが、そうしたかつての阿蘇の繁栄ぶりを考慮に入れると、古代の熊野のあり方についても大きなヒントが与えられるかもしれない。
十世紀後半から十一世紀前半に増基法師が著したとされる『いほぬし』という紀行文によれば、京都から中辺路を通って熊野本宮に行き、そこから熊野川を下って、伊勢路経由で京都に戻っているのだが、その行程約五十日。彼は本宮に到着した折のことを次のように記している。

それより三日という日、御山につきぬ、ここかしこめぐりて見れば、あむじちども二三百ばかり、をのがおもいおもいにしたるさまもいとおかし、したしうしりたる人のもとにいきたれば、みのをこしに、ふすまのようにひきかけて（略）

寺西貞弘はこれを以下のように解釈している。「ここで記されている『あむじち』とは、前後の脈絡から考えて、『庵室』のことであろう。すなわち、彼が本宮の山内で目にしたものは、二〇〇〜三〇〇にも及ぶ庵とそれを営む多くの人々であった。しかも、京都から熊野を訪れたはずのいほぬしが、『したしうしりたる人』と表現する人がそのような庵を営んでいることから、これらの人々は熊野地方の人々ではなく、京都やその他から熊野を訪れた参詣者であったと思われる」。むしろ、はるばる熊野までやってきてすぐに戻っていった人びとのほうが少数派で、多くの人びとはかなり長時間そこに滞在したにちがいないのである。[★1]

二〇〇七年八月二十四日付の「中日新聞」に次のような記事がある。「現在の三重県尾鷲市付近に約千五百万年前、阿蘇山ほどの規模のカルデラ火山があったことが、愛知県刈谷市の愛知教育大の星博幸准教授（地学）らの調査結果で分かった」。なんと、熊野にもかつては大きな火山が存在していたのだ。これについては、星氏とともに調査にあたった川上裕氏の名古屋大学での研究発表がある。[★2]

カルデラとは、ほぼ円形な輪郭を持つ火口よりも大きな凹地形である。陥没カルデラを形成するような火山活動は、大量の火山灰（数100㎦以上）を放出するため、気候や生命活動に与える影響が特に大きい。将来起こりうる噴火を予測し対策を立てるためには、精密な野外調査を基にカルデラの地下構造を把握し、陥没カルデラの形成メカニズムを解明することが重要である。（中略）熊野酸性岩類は紀伊半島南東部、三重県尾鷲市〜和歌山県古座町にかけて分布する大規模な珪長質火成岩類である。この岩体は深部まで開析が進んでいるため、火山体の地下構造がよく観察できる。私はこれまで、熊野酸性岩類北部とその周辺の詳細な地質図を作成し、同地域にバイアス型のカルデラ構造を見出した。

いつの時代かは判然としないが、火山からマグマが噴出し、熊野の地勢を一変させるような出来事があり、それによって現在の熊野の原形ができあがったのであろう。地表に噴出したマグマ内の成分が凝集して鉱床が生じるのであるから、マグマの噴出によってできた熊野酸性火成岩の層には、もちろん多くの鉱物資源が含まれることになる。特に熊野層群との境界付近には、かつて金・銀・銅を豊かに産出した三重県熊野市紀和町・紀州鉱山をはじめ、和歌山県那智勝浦町・妙法鉱山（銅）、新宮市熊野川町の松沢炭鉱や志古炭鉱などがあり、北山村や十津川村などにも鉱山が存在していたのである。★3 そして、それらの場所には同時に修験の足跡がみてとれることになる。

そういうわけだから、当初は、温泉の分布もかつて地下深くにあったマグマが噴出したことと関連があるのではないかと推定したのだが、川上氏の見解によると、火山活動の結果ではあるものの、マグマの噴出ではなく、地層の割れ目から地球内部の熱水が噴出したからではないかとのことであった。

どちらにしても、尾鷲市付近に阿蘇山級のカルデラ火山があったことがわかって、ようやく熊野のもつ主要な特徴である「潜在火山性」の謎が解けそうな気がしてきたのだった。

いうまでもなく、火山は強磁性（鉄のように強い磁気を帯びやすい性質）の鉱物を含む岩石からなり、火山の地磁気は周辺の地磁気とかなり違った分布（地磁気異常）をもっている。そして、地磁気が生物の働きと密接に関係しているのはご存知のとおりである。だからといって、「聖地には特殊な磁場ができる」というときの「聖地」と「磁場」とを象徴的な意味を超えて結びつけることが果たしてできるかどうか。いまいえることは、熊野が「潜在火山性」という独特の地質形成を経た土地で、他のどの地域と比較しても、そこには地球の記憶が奥深く刻まれているように感じられるということである。そう考えると、カルデラ、磁力、マグマ、隕石、方状節理、滝、温泉、柱状節理、鉱物資源などは、われわれが宇宙の一因子にすぎないことを改めてわからせてくれるものといえないだろうか。

26 祭事

以前、芸能研究の第一人者である三隅治雄さんに、奥三河の花祭り、春日若宮おんまつり、沖縄のイザイホーなどの貴重な映像とともに、熊野本宮例大祭、那智の火祭、熊野速玉大社の御船《みふね》祭、神倉神社の御灯《おとう》祭などの映像について、解説していただいたことがある。

その映像を見ながら改めて感じたのは、熊野本宮、新宮、那智のいずれもが河川（「水」）の近くに鎮座しているということだった。一説に、速玉神《はやたまのかみ》は新宮に早くから（海を渡って）住みついた人びとの崇めた神、夫須美神《むすびのかみ》は有馬の花《はな》の窟《いわや》に祀る神で、古くこの地に住んでいた人びとの崇敬神であったという指摘もあるが、果たしてそういう明確な違いは立証できるのだろうか。先に述べたように、むしろ、速玉神と夫須美神は切り離すことができない一対の神格とみなしたほうがよさそうに思うのだが、いずれにしても、その謎を解く鍵はそこで行われている祭りをつぶさに観察することによってしか得られないだろう。そういう意味で興味深いのは、熊野新宮大社の御船祭と古座川の河内《こうち》神社の河内祭ではないかと思われる。それらについては、その概略を簡単に記しておきたい。

御船祭は、熊野新宮大社の祭りで、熊野夫須美神の大祭とされている。毎年十月十六日、熊野川の河口近くの御船島で行われるもので、神幸船《じんこうせん》、斎主船《さいしゅぶね》、諸手船《もろたぶね》、早船九艘からなる水上の祭りである。クライマックスは早船九艘が争って御船島の周囲を左から二度回るところであり、それによって神意を占うという側面もあった。

河内祭も、古座川の河口近くの「河内様」と呼ばれる小島（清暑島《せいしょとう》）の周囲を何艘かの船が争って回るところなど御船祭と同様の展開を示すものである。現在の河内神社は、その島を指すものではなく、その向かいにある遥拝所のことなのだが、そこには社殿はなく、鳥居と石燈籠のみがある。いわば島そのものがご神体なのである。

河内祭は、神官が島に上陸し、頂上の一枚岩に前夜汲んだ潮水と神酒をかけて河内様を祭って終わるのだが、その意味するところは、古座川と満潮時の黒潮の出会いを象徴的に表しているのではないかと思われる。その点では、御船祭も同様で、熊野川と満潮時の黒

御灯祭

潮との出会いを表しているのではないかとも受けとれる。[★1] つまり、どちらも水神信仰の一つではあるものの、それを「黒潮の神（常世の神）と熊野川の神の出会いの祭典」とまでいえるのかどうか。ここでは、海と川という異なる二つの水に象徴される領域の神秘的合一というくらいにとどめておきたいと思う。

いくつかの異なる光が出会うときの神秘（たとえば太陽と燃える火とランプのような場合）と、いくつかの異なる水が出会うときの神秘には、どこか共通したものがみられるような気がする。そうなると、水は単なる水ではなくなってくる。もしかしたら、熊野の神秘を知るためにはそこまで入り込まないといけないのかもしれない。

民俗学者の三隅さんの研究は神に対する人間の側からのアプローチ、ぼくの研究は宗教学者として神の側からの人間に対するアプローチが中心となってくるのだが、三隅さんの説明を聴けば聴くほど、その距離はきわめて小さいと実感したのだった。

二十世紀初頭、ルドルフ・オットーは『聖なるもの』で、神とは絶対他者であり、その非合理性にこそ神の本質があるのではないかと論じている。ぼくは、それについては当初から大きな抵抗があった。西欧の神学においては、神をいかに合理的に理解するかという

御船祭

神幸船（御船祭）

試みを経てから、ようやく神の本質に非合理性が存在するのではないかという議論に到達したわけだが、そんなことは初めからわかっていたことではなかったのか。

それよりも、神と人間とがきわめて近しい存在であるということのほうが、ぼくにとっては重要なポイントなのだった。

八幡信仰や怨霊《おんりょう》信仰の流行などをみれば、われわれにとっての神とは、応神《おうじん》天皇（八幡信仰）であり、聖徳太子（太子信仰）であり、菅原道真（天神信仰）であったように、実際に歴史を生きたとされる人物だったということがわかる。つ

清暑島（古座川）

いこの百年間ほどで考えても、明治天皇（明治神宮）、乃木希典《のぎまれすけ》（乃木神社）、東郷平八郎（東郷神社）などの例もあり、われわれにとっては神と人間とはきわめて近しい存在であり、それゆえに交流が可能になるのである。そうなると、宗教的職能者は、神に対する人間の側の代表なのか、または、人間に対する神の側の代表なのかということが問題になってくる。[★2]神と接触するには、禊、祓い、結界、依り代、籠もり、魂《たま》ふりについて知ることが不可欠だからである。

とにかく、御船祭にしても河内祭にしても、熊野の信仰が海との強い結びつきを示していることを教えてくれる。熊野といえば急峻な山岳地帯を連想することが多いのだが、実際には「常世」信仰などを通じて海との結びつきがきわめて強く、そこで行われる祭りも海を舞台にしたもののほうが多いのである。御船祭における「御船島」と河内祭における「河内様」とは、それ自身がご神体であり、川に浮かぶ聖域という意味では、本宮大社があった大斎原《おおゆのはら》とも似た意味をもっているのかもしれない。

27

熊野の神はずっと移動し続けたか？

写真上：熊野市
写真下：楯ヶ崎から海を望む

さて、熊野の神々が記紀に登場する神々と系列を異にしていることは最初に述べたことである。では、その神々はいったいいかなる経緯を経て、いまの熊野三山に収まることになったのか。それらはいかなる性格の神々だったのだろうか。ここでもう一度考えてみたい。

すでに本宮の「熊野権現御垂迹縁起」を取り上げて、熊野の神がいかにして移動してきたかについては述べたが、かつてはいかなる神もぐるぐる回って自分の居場所を変えてきたのではなかったか。神武東征の経路と熊野権現垂迹の経路が似ているのは果たして偶然だろうか。『日本書紀』によれば、神武天皇は、九州日向《ひゅうが》（高千穂）を発って、豊後水道、瀬戸内海を通り、大和《やまと》平野を目指したが、難波を過ぎて河内《かわち》に上陸しようとして敗れ、熊野灘に転進する。そこでも多くの苦難に遭遇するが、高倉下《たかくらじ》の力を得て、熊野に上陸を果たす。さらに、八《や》咫烏《たがらす》に先導されて吉野から大和に入り、畝傍山《うねびやま》近くに橿原《かしはら》宮を建立したことになっている。

それに対して、『熊野略記』が記す熊野権現垂迹の経路は、唐（印度）からまず九州の英彦山に天下ったとされ、そして、四国の石鎚山、淡路の遊鶴羽山《ゆづるはさん》などを経て、熊野新宮の南「神蔵峯」に降臨したとされている。そこから、阿須賀《あすか》社北の石淵《やぶち》に降り立ったので、人びとは石淵に「結速玉《むすびはやたま》、家津御子《けつみこ》」の二社をつくって神の座としたのだった。のちに家津御子だけが熊野川の上流の櫟《いちい》の木に天降られ、崇神天皇の代に大斎原《おおゆのはら》に社殿をつくって遷られたと伝えられている。そういう意味では、神はつねに一ヶ所に常住することなく回遊してきたことになる。

そして、神武東征の経路や熊野権現垂迹の経路などが、山岳修行にとっては欠かすことのできない聖地であったという点も考慮に入れる必要があるだろう。

神々はいくつかの約束された経路を通って回遊しており、ある社に数柱の神が合祀されることがあっても、それぞれは特有のイメージの結びつきと系列とをもっており、そちらのほうが神話を幾何学的にみていく場合に大きな影響力をもっている。それは熊野の神々の場合にも適用されることであり、五来重は、「熊野の御祭神は十二所あって集合祭祀であるから、熊野川、音無川、岩田川それぞれの上流から移し祀られた神々が、この三川合流の中州にあつまったことはまちがいあるまい」と論じている。★1 その痕跡が磐座《いわくら》、社、塚、祠、神社などとして残されているのであり、それらは神が依りつく目印ともなっているのである。

こうして考えると、先に挙げた「聖地は一センチも移動しない」という言葉は、そうした目印の集合体を指していることになる。熊野一帯には磐座が多数分布しており、それらを結んだところに神々の降臨する場が開かれていったのである。

そうしたことからすると、熊野本宮の神々、「熊野十二所権現」とは、本来、それら十二ヶ所の神々を表しているのかもしれない。このことは重要な指摘であり、熊野信仰が他の地域とは違ってきわめてプリミティヴな要素をいまに伝える点とも重なり合うことになる。

大丹倉へ

たとえば、沖縄では女性が宗教者として一人前になるときに、ずっと果てしなく歩かせられるという風習がある。宮古島でも巫女になるために御嶽《うたき》を転々と歩く。Aという御嶽、Bという御嶽と歩いてきて、そして、Wという御嶽で突然感応したとする。そうなると、そこが自分の信ずべき神のいるところだということになる。奄美諸島にも似た習慣が残されている。つまり、自分がどこにいるべきか、自分が信じるべき神はどこにいるかということは、最初からわかっているわけではなく、こうしてずっと放浪してはじめてわかるというのである。★2

倭姫命《やまとひめのみこと》も、天照大神《あまてらすおおみかみ》を祀る場所を求めて、豊鍬入姫命《とよすきいりびめのみこと》の後を継いで、二人で合わせて三輪山から丹波を経ていまの伊勢の地まで転々と歩いたとされている。元伊勢というのはその軌跡だという説もある。『日本書紀』や『倭姫命世記』などによると、奈良県桜井市の檜原神社から京都府宮津市の籠神社などを経て、三重の名張、伊賀などを転々としながら(伊勢でも野代宮などをはじめとして十ヵ所以上を移動したという)、現在の伊勢の五十鈴川《いすずがわ》のほとりに至ったというのである。

そもそも神は動きまわるものなのだ。あちこち歩きまわってから、ようやく定住することになる。たとえば、京都の鞍馬にはもともと地主神たる八所明神が祀られていたのだが、のちになって由岐《ゆき》神社が中央から勧請されてそこに合祀されることになる。この八所明神にしても、八ヶ所にバラバラに祀られていた神が、一ヶ所に合祀されたと理解することもできるし、もしかすると神が八ヶ所を巡行していたのかもしれない。

熊野においても、神は望ましい地を求めて移動を繰り返したにちがいない。そして、その痕跡を追うことが必要となってくるのだが、そのポイントは、たとえば、高千穂における秋元《あきもと》神社、出雲における熊野大社（天狗山）、神魂《かもす》神社、室生における室生龍穴《むろうりゆうけつ》神社、宇佐における大元《おおもと》神社のような特殊な場所ということになる。それは熊野においては、丹《あか》倉《ぐら》神社であり、矢倉《やくら》神社であり、祓《はら》いの宮《みや》であり、吐生《はぶ》の滝などに比定することができるかもしれない。本当の熊野はそうしたところにひっそりと息づいているのである。それらは風水でいう龍脈の気（山脈の尾根を伝って流れる土地の気）が集まる場所で、すばらしい水があり、それによって周囲には樹齢数千年の杉や楠などの木々がみごとに青々と茂っている場所なのである。

28 熊野と出雲

　ここで熊野と出雲との関係についても一言触れておきたい。熊野と出雲に共通の地名が多いことはよく知られた事実であるが、その一致についてはとても偶然とは思われない。それゆえに、その関係をめぐってさまざまな議論がなされてきたのだった。『出雲風土記』や『延喜式』その他の史料を見ると、熊野には、熊野、名草《なぐさ》郡忌部《いんべ》郷、粟島、三穂、日《ひ》ノ御埼《みさき》、須佐《すさ》神社、牟婁郡の速玉《はやたま》神社と熊野坐《くまのにます》神社（本宮大社）、名草郡の加太《かだ》神社などがあり、出雲にも、熊野、意宇《おう》郡忌部郷、粟島、美穂、日御碕《ひのみさき》、須佐神社、意宇郡の速玉神社と熊野坐神社、大原《おおはら》郡の加多《かた》神社などがあるという。こうした類似はいったいどこからきたのであろうか[★1]。

　そもそも出雲の熊野大社（かつての熊野坐神社）は、出雲大社（かつての杵築大社《きづきたいしゃ》）よりも歴史が古いことがわかっている。かつての出雲地方の信仰の中心は意宇郡の熊野大社のほうだったとされている。いまでも出雲大社の秘祭・古伝新嘗祭《にいなめさい》の火は熊野大社から授かるという。その折の亀太夫神事（火継ぎ神事。毎年十月十五日に遠路はるばる出雲大社側が受け取りに参上する）を見てみると、熊野大社の出雲大社に対する優位がはっきりする。かつてはこの地方の一の宮は熊野大社のほうだったのである。

紀伊と出雲で、ともに祭神が共通しているようにみえるのも興味深い。紀伊の熊野本宮大社の祭神は家津御子神《けつみこのかみ》であり、出雲の熊野大社の祭神は加夫呂伎熊野大神櫛御気野命《かむろぎくまののおおかみくしみけぬのみこと》である。家津御子神と櫛御気野命とは同じ性格をもった神格で、一般に「食をつかさどる神」とされる傾向があるが、もともと「生まれくる万物をつかさどる神」ともいうべきで、それぞれ素戔嗚尊《すさのおのみこと》と同体とされている。少彦名命《すくなびこなのみこと》が常世に渡ったのも、出雲の熊野の御崎（または淡島）と紀伊串本の潮御崎とが挙げられているし、伊弉冉尊《いざなみのみこと》の葬地についても、『古事記』では出雲と伯伎《ははき》の境にある比婆とされているし、『日本書紀』では紀伊熊野の有馬村とされている。

熊野と出雲の関係についてはただ推理するしかないのだが、それにはいくつかの説がある。出雲族の熊野移住（出雲から熊野へ）、出雲と熊野並存説（同じ系統の海人《あま》族がそれぞれの土地に移住した）、出雲・熊野一体説（のちに大和朝廷によって周辺に追いやられた）、熊野から出雲への移住説などさまざまであるが、どの説が有力ということもない。いずれにしても、熊野と出雲とが深い結びつきを示していることはたしかであり、そうしたことも含めて出雲の熊野大社にもう一度出かけなければいけないと思っていたのだった。

これまでにもいく度か訪ねたことはある。ただ、出雲の熊野大社の社殿のある場所からは何も特別な印象は受けなかった。しかし、資料によれば、熊野大社が本来あった場所は、熊野山、現在の天狗山（六一〇メートル）である。★2 現社殿の一の鳥居から南へ一キロ、清冽な意宇川をさらに遡る。すると、小さな集落に出る。そこは天狗山の麓で、宮内という熊野大社の旧社地とされる一画だった（ここまでは車で行ける）。平坦な道がつづき、まもなく天狗山登山道入口に着く。そのすぐ左にある小道から川沿いに入る登り道があるのだ。

ただし、そこからの急な登り道はけっこうしんどい。ぼくが調査したときは道に迷い、随分歩いた後でもあったので、息が切れた。しばらく急な勾配のところがあり、さらに登ること二キロあまりで「意宇源」の標識に至る。そこからしばらくして、ようやくやや開けた場所があり、斎場の柱があって、その上が肝心の磐座《いわくら》のある場所だ。古代祭祀の跡（斎場）である。かつては、ここで人びとは熊野の神の託宣を得たのだった。そこで同行

天狗山北側岩石群

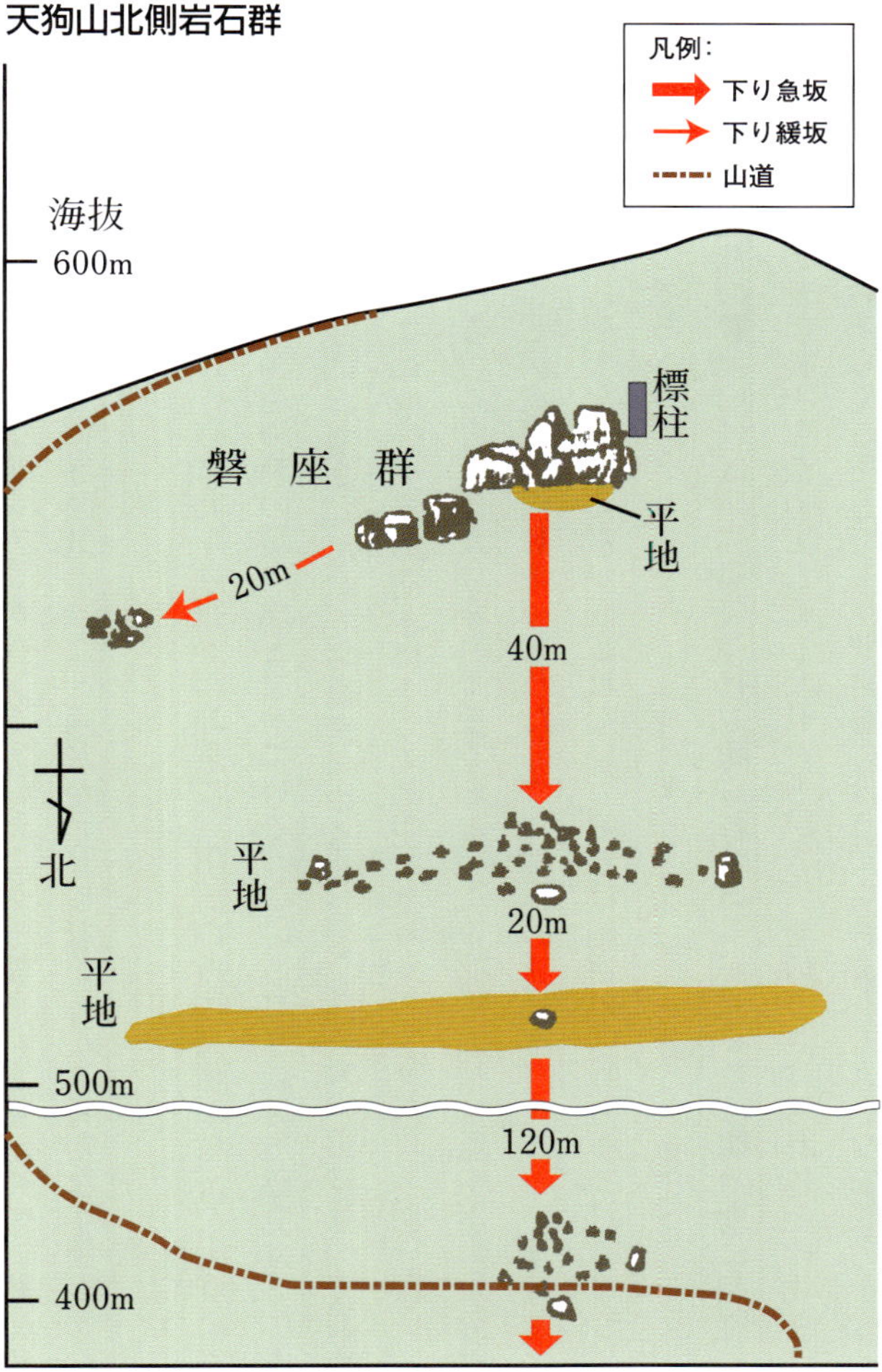

中西進「出雲における熊野大社の原像」より作成

した出雲大社常陸教会の高橋正宣宮司が祝詞《のりと》をあげた。塩を渡され身を清めて一緒に祈る。草が風になびいてすばらしい雰囲気だった。陽がかすかに射し込んで特別な空間がかたちづくられていた。

天狗山磐座から真北にさらに九キロ行った地点に、出雲の古代文化が栄えた大庭《おおば》の宮山があり、そこはいまは神魂《かもす》神社の境内地となっている。このあたりの地理感覚はとても重要だ。翌朝、熊野大社にお参りしたが、高橋宮司に言わせると、「天狗山に登って初めてわかったけれど、ここの熊野大社の樹木は上（天狗山）からもってきたにちがいない。いわゆる神籬《ひもろぎ》ですね」とのことだった。それでなくとも、ここ熊野大社は意宇川の水分神《みくまり》を祀っているということが実際にたしかめられたので、紀伊の熊野本宮大社との地理的な結びつきはより鮮明になったといえるかもしれない。そこは紀伊の熊野とまったくよく似通った地形だったのである。

出雲の熊野大社の敷地内には伊邪那美《いざなみ》神社も祀られているが、これは明治期に熊野大社の上の宮を含む数社の神々を改めて合祀した社だという。そのときはそれ以上のことはわからなかったが、おそらくこちらでも伊弉冉尊のほうが主神よりも大きな影響力をもっていたことが想像される。

29 熊野の神は大地に眠る

熊野を代表する神格は、前に述べたように、熊野坐神《くまのにますかみ》、家津御子神《けつみこのかみ》、速玉神《はやたまのかみ》、牟須美《むすびの》神《かみ》らであり、それらの素性についてはいまだによくわかっていないのだが、それでも、それらがほぼ同一の神格をさまざまな側面から表現したものだということはすでにおわかりいただけたであろう。すなわち、熊野の神は「熊野坐神」（熊野に坐する神）という一般名詞で呼ばれていたが、それがのちになって、「速玉」と「牟須美（夫須美）」という対になる神格（万物を産み出す力）と同一視されるとともに、「食と自然をつかさどる神」「生まれくる万物をつかさどる神」としての「家津御子」へと発展していったのである。熊野坐神→牟須美神（速玉神）→家津御子神という系列がみられるわけだが、その背後には死せる穀物神としての伊弉冉尊《いざなみのみこと》の姿が見え隠れしているように思われる。彼女はみずからの身体から、火、土、水を産み、さらに蚕、桑、五穀などが産まれることになる。死にゆく伊

産田社

本宮本社末社図（熊野本宮大社蔵）

弉冉尊はいっさいを産む神でもあったのだった。

熊野本宮大社の九鬼家隆宮司は、熊野本宮の祭神について、もちろん証誠殿に祀られる家津御子神であることは否定しないものの、母神である伊弉冉尊への崇敬の念も無視できないのではないかと述べている。伊弉冉尊の和御霊《にぎみたま》は本宮大社に祀られているが、大斎原《おおゆのはら》の近くには伊弉冉尊の荒御霊《あらみたま》を祀る産田社の石祠が残されている。以前より、そこが大斎原、花《はな》の窟《いわや》、那智、吉野の四つの方角の基点になっているように思えてならなかったという。熊野本宮大社に収められている「本宮本社末社図」を見てもわかるとおり、伊弉冉尊の荒御霊を祀る産田社は特別な意図をもって描かれている。そこは大斎原でも別格の場所とされていたのであろう。★1

そもそも荒ぶる神というのは神の原初形態とされている。「神」という存在は、もともとは人間にとって畏怖の対象であり、必ずしも期待どおりの幸運をもたらしてくれるものではなかった。それはただひたすら驚異的な力を示す存在で、人びとはそれを畏れ奉ったのだった。それがいわゆる荒ぶる神である。そうした超自然的存在に対して人はなす術《すべ》もなかったのだが、やがて祭りを通じてそのような神の威力を人間のためになるよう転化していく術を身につけるようになる。それが荒御霊から和御霊への変化ということになる。

中村生雄は『播磨《はりま》国風土記』（賀古《かこ》郡の条）、『筑後《ちくご》国風土記』（逸文《いつぶん》）、『播磨国風土記』（揖保《いいぼ》郡の条）、『常陸国風土記』（久慈《くじ》郡の条）などを引用しつつ、それらの荒ぶる神の性格について比較検討している。★2 荒ぶる神は『古事記』『日本書紀』ではなかなかみえにくいのだが、しばしば『風土記』においては大きな役割を果たしている。

まず、彼は『播磨国風土記』（賀古郡の条）に記される荒ぶる神についてこう書いている。「むかし舟引原の海岸に荒ぶる神がいて、航行する舟のうち半分は妨害して通さなかった。そこで人々はこの危険を避けるため、わざわざ川を遡り谷を越え、安全な海岸まで迂回して通うことになった」。ここでは、神の荒ぶる力に対して人はただその脅威を避けて逃げ惑うばかりである。

ところが、『筑後国風土記』（逸文）の荒ぶる神となると、そこにはすでに大きな違いが生じてきている。「筑前と筑後の国境に荒ぶる神がいて、そのため往来の人の半分は生き、半分は死ぬほどであった。そこで筑紫君と肥君が占いをおこない、筑紫君の祖である甕依《みかより》姫《ひめ》を祝《はふり》として神祭りを行わせた。これよりのち、通行の人は神に害されることもなくなり、人々からは筑紫の神と呼ばれることになった」。こちらでは、荒ぶる神がその土地の巫女的女性の祭祀によって幣帛を捧げられることで宥《なだ》められ、さらにはこの地の人びとの守護神へと変化していくのである。

そうした傾向は、『播磨国風土記』（揖保郡の条）、『常陸国風土記』（久慈郡の条）となると、さらに土地の支配者による祭祀、朝廷から派遣された官人による交渉というように変化していく。

熊野における荒ぶる神について考えるなら、さらに、熊野本宮大社例大祭における以下の神事も無視できないだろう。★3 毎年四月十五日の例大祭は、午前中が本殿祭で、午後が御輿渡御祭《みこしとぎょ》である。この御輿渡御祭は、熊野十二所権現の御子神に扮した稚児が、前もって湯の峰温泉で清められ、真名井《まない》社と大斎原に向かう儀礼からなっているのだが、それは第一殿の伊弉冉尊（前述のように、熊野牟須美神と同体とされる）の祭りで、素戔嗚尊《すさのおのみこと》が母伊弉冉尊に花を供えて祀ったとの故事にちなむとされている。すなわち、伊弉冉尊の神霊が第一殿から御輿にうつされ、真名井社に行き、それから大斎原に向かうことになる。

この祭りの意味は、おそらく伊弉冉尊の母神としての産出呪力が豊饒儀礼と結びついた

熊野川

もので、真名井の聖水にしても、水の霊と縁の深い大斎原にしても、それにかかわるものだと理解できるであろう。

熊野をめぐるさまざまな謎は、熊野を根底で支える女性原理を考慮に入れると、かなり明確になるのではなかろうか。たとえば、伊勢神宮では、『古事記』『日本書紀』の主神格である天照大神《あまてらすおおみかみ》が内宮に祀られ、いわゆる地主神、産土神たる豊受大神《とようけのおおみかみ》が外宮に祀られるというように、そのどちらもが並列に祀られているのに対して、熊野本宮本社では、いまも地主神、産土神たる祭神が、第一殿の熊野牟須美神（伊弉冉尊）、第二殿の熊野速玉神（伊弉諾尊《いざなきのみこと》）、第三殿の家津御子神（素戔嗚尊）として、『古事記』『日本書紀』のパンテオンに吸収される以前の姿で祀られている点がとりわけ重要だということになる。それは熊野速玉大社にしても、熊野那智大社にしても同じことであり、そのことはすべてを産み出す女性原理がいまだにこの地に強く根ざしており、万物に大きな力を及ぼしていることを告げてくれているのである。

いまでも大斎原に立ってみると、川沿いに冷たい風がゆきわたるのが感じられる。すべてはここから始まり、ここで終わりを告げる。流転する生命の不思議が、ここでは強く実感させられるのである。

おわりに

われわれはつい「ここはお寺だから仏教、ここには鳥居があるから神道」というように単純に考えがちであるが、そういう近視眼的な見方では、けっして物事の本質はつかめない。世界遺産となった熊野は、そうわれわれに告げている。すぐに物事を区別したがるのは悪しき習慣で、われわれはさまざまなものを結びつけて、あたかも夜空の星をつなげて星座を見つけるような想像力を大切にしなければならない。

それにしても熊野は謎の多い聖地である。その謎の核心には祀られる神々が『古事記』『日本書紀』とはまったく異なる点があったわけである。熊野の神はどこから来たのか。また、多くの人びとが熊野に出向いたわけだが、彼らはいったいそこで何をしていたのか。上皇・貴族は参拝したらすぐに京に戻っていったわけだが、一般の人びとの場合はどうだったのか。さらに、なぜ火山もないのに熊野には多くの源泉が分布しているのか。その特別な気候風土はいったい人びとの心にどのような影響をあたえてきたのか。

そうしたさまざまな謎から、熊野だけがもっている特殊性とはいったい何かと考えてきたわけだが、その解答はきわめてシンプルなものである。熊野の神々は、もとからそこに住む地主神、産土神の集合体であり、そこに神道、仏教、修験道などの影響が積み重ねられたものだと考えられる。人びとが熊野に参拝に訪れた理由も、そこに籠もってさまざまな困難、病気、悩みについての託宣を得ることにあった。熊野はかなり特殊な地勢のもとにあり、それゆえに古くから山岳修行者の行場として人びとの関心を集めてきたが、彼らが行くところには鉱物資源があり、温泉が湧き、なによりも豊かな自然があった。それを求めて、一遍をはじめとする多くの宗教者がそこを訪れ、さまざまな霊感を得て新しい境地を開いていったのである。そうした力はいまも熊野に息づいている。

本書が成立するまでには多くの人びとの助けが必要だった。ここにお名前を列挙させていただいて、改めて感謝の意を表したい。まず、平野昌さん（三重県東紀州対策室）。平野さんがいなければ何も始まらなかったと思う。ほとんどの調査に同行していただき適切なアドヴァイスをいただいた。さらに、同じ東紀州対策室、三重県東京事務所のみなさん、前田憲司さん（企画編集者）、下老正進さん（ＮＨＫ）、松永真理さん（バンダイ取締役）、樋口栄子さん、朝日カルチャーセンターのみなさん。そして、現地でいろいろ教えていただいた、九鬼家隆さん（熊野本宮大社宮司）、田中利典さん（吉野金峯山寺執行長）、潮崎勝之さん（潮御崎神社宮司）、矢倉甚兵衛さん、花尻薫さん（三重県立熊野古道センター長）、辻林浩さん（和歌山県世界遺産センター長）、阪本正文さん（神内神社総代）、芝先隆さん（那智勝浦町役場）、杉本善和さん（和歌山県東牟婁振興局）、仲本耕士さん（古座川町役場）、神保圭志さん（神保館）、上野一夫さん。さらに、敬愛する三隅治雄さん（民俗学者、民族芸術交流財団理事長）、龍村仁さん（映画監督）、吉見明さん、石井晃さん（紀伊民報編集長）。みなさん本当にありがとうございました。

それから、本書の写真を撮っていただいた鈴木理策さん。いうまでもなく熊野で生まれ育った現在の日本を代表する写真家であり、『熊野　雪　桜』などのすぐれた写真集でも知られているが、今回はわざわざぼくがたどった場所に出かけ撮りおろしてくれたわけで、本書でのコラボレーションはこれ以上ない喜びだった。そして、末尾になるが、当初から何から何まで助けていただいた集英社新書編集部の鯉沼広行さんにとりわけ感謝の意を表したい。

註

引用に際して、旧字、旧かなで書かれた資料は、すべて新字、新かなにあらためた。

はじめに

1 折口信夫「産霊の信仰」『折口信夫全集』第二十巻、中央公論社、一九五六年、二五三頁。
2 同、二五四頁。
3 同、二五四頁。
4 同、二六〇頁。
5 ロラン・バルト『テクストの快楽』沢崎浩平訳、みすず書房、一九七七年、六九頁。

01 謎

1 熊野文化企画編『今昔・熊野の百景』はる書房、二〇〇一年。
2 同、一六四―一六五頁。
3 植島啓司『聖地の想像力』集英社、二〇〇〇年、一六頁。
4 宮家準『熊野修験』吉川弘文館、一九九二年、三〇二―三〇三頁。

02 神仏習合

1 石原道博編訳『新訂　魏志倭人伝・後漢書倭伝・宋書倭国伝・隋書倭国伝』岩波書店、一九八五年、七〇頁、九九頁。
2 世界遺産登録を記念した九鬼家隆氏（熊野本宮大社宮司）、田中利典氏（吉野金峯山寺宗務総長。当　時）との鼎談。二〇〇八年七月十二日、朝日カルチャーセンター（新宿）。

03熊野の深部へ

1植島啓司「熊野本地譚と聖なる表徴」「詩と思想」一九七三年一月号、土曜社、一一四—一一九頁。

2丸山静『熊野考』せりか書房、一九八九年。

3植島啓司『男が女になる病気』朝日出版社、一九八〇年。集英社、一九九八年。

04籠もり（incubation）

1二〇〇七年二月二十七日からの調査。このときのメンバーは、平野昌さん（三重県東紀州対策室）、川添洋司さん、前田憲司さん（企画編集者）、下老正進さん（NHK）など。

2丸山静、前掲書、八頁。

3西郷信綱『古代人と夢』平凡社、一九七二年、四〇頁。

05神地

1野本寛一『熊野山海民俗考』人文書院、一九九〇年、二二四頁。

2同、二二四頁。

3龍村仁監督の映画『地球交響曲《ガイアシンフォニー》』第六番にも登場している。

4丸山静、前掲書、一四頁。

06石の力

1野本寛一、前掲書、一三六頁。

2ジェイムズ・スワン『聖なる場所』葛西賢太訳、春秋社、一九九六年、一七〇—一七三頁。

3ブライアン・リー・モリノー『聖なる大地』、荒俣宏監修、月村澄枝訳、創元社、一九九六年、一一〇頁。

4上田正昭「神道の聖域」「仏教」no.32（特集=聖地）、法藏館、一九九五年、三八頁。

5『大辞林（第二版）』三省堂、一九九五年、二一九三頁

6時枝務『修験道の考古学的研究』雄山閣、二〇〇五年、二一一―二一九頁。

7同、二一九頁。

8久保田展弘『修験道・実践宗教の世界』新潮社、一九八八年、一〇二頁。

07 熊野古道

1町田宗鳳『エロスの国・熊野』法蔵館、一九九六年、一九〇頁。ただし、『熊野年代記』によると、この年の熊野参拝者は半年で二万五、六千人となっている。

2小山靖憲『熊野古道』岩波書店、二〇〇〇年、一一七頁。

3同、一一八頁。

08 花山院

1澁澤龍彥『唐草物語』河出書房新社、一九八一年、八五頁。

2梅原猛『日本の原郷　熊野』新潮社、一九九〇年、五六―五七頁。

09 小栗判官

1五来重『熊野詣』講談社、二〇〇四年、一一二―一二三頁などを参照。

2加藤隆久監修『熊野大神』戎光祥出版、二〇〇八年、一四八―一四九頁。

10 一遍上人

1五来重、前掲書、九二頁。

11 熊野の託宣

1西郷信綱、前掲書、六五―六六頁。

2同、六一―六三頁。

3同、四五―四七頁。

4ロベール・フラスリエール『ギリシアの神託』戸張智雄訳、白水社、一九六三年、五七頁。

■12熊野の神はどこから来たのか？

1篠原四郎『熊野大社』学生社、一九六九年、四四―四六頁などを参照。

2町田宗鳳、前掲書、六七頁。

3三品彰英『図説 日本の歴史』2「神話の世界」、集英社、一九七四年、六九―七〇頁。

4野本寛一、前掲書、二六一頁、二一二頁。

5熊野市史編纂委員会編『熊野市史』（全三巻）、五来重監修、熊野市、一九八三年、上巻二六四頁。

6吉野裕子「伊勢神宮の秘神・波波木神」「現代宗教」3（特集＝聖地）、春秋社、一九八〇年、二三頁。

■13神武天皇

1岡本太郎『神秘日本』みすず書房、一九九九年、一一二頁。

2二〇〇七年十月十七日の調査。その日のメンバーは、三重県側から平野昌さん、川添洋司さん、古市尚子さん、それに、松永真理さん（バンダイ取締役）、石井洋子さん（朝日カルチャーセンター）、後に下老正進さん（NHK）が加わった。

■15補陀落渡海

1益田勝実「フダラク渡りの人々」『火山列島の思想』筑摩書房、一九六八年。

2川村湊『補陀落』作品社、二〇〇三年、二八頁。井上靖「補陀落渡海記」『補陀落渡海記』

講談社、二〇〇〇年。

3根井浄「補陀落渡海」『熊野——異界への旅』(「別冊太陽」)、平凡社、二〇〇二年、八六頁。

4丸山静、前掲書、五〇頁。

■16熊野と高野山
1小山靖憲『熊野古道』、一〇六頁。

2永江秀雄「水銀産地名『丹生』を追って」『金属と地名』、谷川健一編著、三一書房、一九九八年、二五八頁、二六二頁、二六三頁。

■17熊野と伊勢
1五来重、前掲書、二五頁。

2五来重、前掲書、二六頁。

■18神々のパンテオン
1加藤隆久監修『熊野大神』、八二頁。

■19社殿構成
1加藤隆久編『熊野三山信仰事典』戎光祥出版、一九九八年。

2小山靖憲・笠原正夫編『南紀と熊野古道』吉川弘文館、二〇〇三年、七一頁。

■20串本、古座を歩く
1小板橋淳『紀州の滝340』紀伊民報、二〇〇一年、八八頁。原田哲朗・中屋志津男「温泉」「URBAN KUBOTA」NO.38(特集=紀伊半島の地質と温泉)、クボタ広告宣伝部、一九九九年、四四頁。

■21潮御崎神社
1北岡賢二『三世紀・日本建国の式典は潮岬太陽神祭祀場で行われた』串本町公民館。北岡氏は、『南紀潮岬謎の巨石遺跡「高塚の森」

――太陽祭祀遺跡研究序論』『踏み込んだ三世紀の熊野大和　日本建国史開扉』などの著作で、この祭祀場のことについて詳しく述べている。谷川健一編『日本の神々』第六巻「伊勢・志摩・伊賀・紀伊」、白水社、一九八六年、三七六―三八〇頁にも記述あり。

22「嶽さん」

1クロード・レヴィ=ストロース『構造人類学』荒川幾男他訳、みすず書房、一九七二年、二〇〇頁。

2司馬遼太郎「熊野・古座街道」『街道をゆく』8、朝日新聞社、一九七九年、三四頁。

3仲本耕士さん（古座川町役場）、神保圭志さん（神保館）、上野一夫さんらに一枚岩から木葉神社まで二日間にわたって案内していただいた。芝先隆さん（那智勝浦町役場）に仲介の労をとっていただいた。

4野本寛一、前掲書、二三九頁。

5ホルヘ・ルイス・ボルヘス『アトラス』鼓宗訳、現代思潮新社、二〇〇〇年、六頁。

23修験道とはいったい何か？

1時枝務、前掲書、二一四頁参照。

2久保田展弘、前掲書、三五頁。

3植島啓司『聖地の想像力』、一四三頁、一四八頁。

4鎌田東二「天川――その土地の力とスピリチュアリティ」「ひととき」二〇〇六年九月号、ウェッジ、一八―二〇頁。

5大山源吾『天河への招待』駸々堂出版、一九八八年、同『続 天河への招待』駸々堂出版、一九九一年参照。

24 玉置神社

1「巨木が育つ屋久島の秘密」「朝日新聞」二〇〇七年九月二日付。

2 小板橋淳、前掲書、八七頁。

3 同、八八頁。

4 原田哲朗・中屋志津男、前掲論文、四二―四四頁。

25 潜在火山性

1 寺西貞弘『古代熊野の史的研究』塙書房、二〇〇四年、一二〇頁。

2 川上裕「陥没カルデラの形成機構――紀伊半島、熊野酸性岩類の例」。二〇〇五年八月三十日、名古屋大学におけるSELISセミナーでの研究発表 (http://www.selis.hyarc.nagoya-u.ac.jp/21coe-selis/project/selis-seminar/fyh17/seminar038.html)。詳しくは、川上裕・星博幸「火山――深成複合岩体にみられる環状岩脈とシート状貫入岩：紀伊半島、尾鷲―熊野地域の熊野酸性火成岩類の地質」「地質学雑誌」第113巻第7号、日本地質学会、二〇〇七年、二九六―三〇九頁。

3「熊野の成り立ち」「熊野自然文化読本」http://www.ne.jp/asahi/japan/gaina/existence-m.html 参照。

26 祭事

1 谷川健一編『日本の神々』第六巻、四二六―四二七頁。

2 植島啓司『天使のささやき』人文書院、一九九三年、二〇八頁。

27 熊野の神はずっと移動し続けたか？

1 五来重、前掲書、一六八頁。

2谷川健一・金両基「渡りくる神・漂泊の神・異神」「遊行」2（特集＝異人と異神）、テオリア、一九八七年、九—一〇頁。

28熊野と出雲

1加藤隆久監修『熊野大神』、一一六—一一七頁などを参照。

2中西旭「出雲における熊野大社の原像」「神道宗教」第百一号、神道宗教学会、一九八〇年、二三頁。本書二二五頁の図も同論文二六頁からの引用である。

29熊野の神は大地に眠る

1特別展「熊野本宮大社と熊野古道」カタログ、和歌山県立博物館、二〇〇七年、一六〇—一六二頁。

2中村生雄「神々の霊異とは何か」『日本の神1　神の始原』、山折哲雄編、平凡社、一九九五年、七一—七四頁。

3加藤隆久監修『熊野大神』、一〇〇—一〇二頁。

【主要参考文献一覧】

丸山静『熊野考』せりか書房、一九八九年
野本寛一『熊野山海民俗考』人文書院、一九九〇年
五来重『熊野詣』講談社、二〇〇四年
上田篤『海辺の聖地』新潮社、一九九三年
町田宗鳳『エロスの国・熊野』法蔵館、一九九六年
小板橋淳『紀州の滝340』紀伊民報、二〇〇一年
時枝務『修験道の考古学的研究』雄山閣、二〇〇五年
小山靖憲『熊野古道』岩波書店、二〇〇〇年
谷川健一編『日本の神々』第六巻「伊勢・志摩・伊賀・紀伊」、白水社、一九八六年
加藤隆久監修『熊野大神』戎光祥出版、二〇〇八年
西郷信綱『古代人と夢』平凡社、一九七二年
山田宗睦『道の思想史』（上下）、講談社、一九七五年
三品彰英『図説 日本の歴史』2「神話の世界」、集英社、一九七四年
熊野文化企画編『今昔・熊野の百景』はる書房、二〇〇一年
松木武彦『全集 日本の歴史』第1巻「列島創世記」、小学館、二〇〇七年

網野善彦『日本の歴史』第00巻「『日本』とは何か」、講談社、二〇〇〇年
三隅治雄『芸能史の民俗的研究』東京堂出版、一九七六年
植島啓司「熊野本地譚と聖なる表徴」「詩と思想」一九七三年一月号、土曜社
田中利典「修験道に学ぶ」日本野外教育学会第7回大会基調講演、二〇〇四年
町田宗鳳「原初の聖地・熊野」「仏教」no.32（特集＝聖地）、法蔵館、一九九五年
環栄賢『熊野学事始め』青弓社、二〇〇五年
井上宏生『伊勢・熊野謎とき散歩』廣済堂出版、一九九九年
『聖地巡礼』伊勢文化舎、二〇〇四年
『熊野古道を歩く』ＪＴＢパブリッシング、一九九九年
宇江敏勝監修『熊野古道を歩く』（改訂版）、山と溪谷社、二〇〇六年
川村湊『補陀落』作品社、二〇〇三年
益田勝実「フダラク渡りの人々」『火山列島の思想』筑摩書房、一九六八年
井上靖「補陀落渡海記」『補陀落渡海記』講談社、二〇〇〇年
中上健次「補陀落」『十九歳の地図』河出書房新社、一九七四年
大山源吾『天河への招待』駸々堂出版、一九八八年
大山源吾『続 天河への招待』駸々堂出版、一九九一年
上田正昭「神道の聖域」「仏教」no.32（特集＝聖地）、法蔵館、一九九五年

ジェイムズ・スワン『聖なる場所』葛西賢太訳、春秋社、一九九六年
根井浄「補陀落渡海」『熊野——異界への旅』(「別冊太陽」)、平凡社、二〇〇二年
『神道集』東洋文庫94、貴志正造訳、平凡社、一九六七年
久保田展弘『修験道・実践宗教の世界』新潮社、一九八八年
鎌田東二「神と仏のトポグラフィー」『日本の神1　神の始原』、山折哲雄編、平凡社、一九九五年
E・R・ドッズ『ギリシア人と非理性』岩田靖夫・水野一訳、みすず書房、一九七二年
紀宝町教育委員会編『文化財を訪ねて』紀宝町役場、一九九〇年
みえ熊野学研究会編集委員会編『熊野の民俗と祭り』東紀州地域活性化事業推進協議会、二〇〇二年
熊野市史編纂委員会編『熊野市史』(全三巻)、五来重監修、熊野市、一九八三年
小山靖憲・笠原正夫編『南紀と熊野古道』(街道の日本史　36)、吉川弘文館、二〇〇三年
小山靖憲『吉野・高野・熊野をゆく』朝日新聞社、二〇〇四年
司馬遼太郎「熊野・古座街道」『街道をゆく』8、朝日新聞社、一九七九年
梅原猛『日本の原郷　熊野』新潮社、一九九〇年
豊島修『死の国・熊野』講談社、一九九二年
篠原四郎『熊野大社』学生社、一九六九年
宮家準『熊野修験』吉川弘文館、一九九二年
中村生雄『祭祀と供犠』法蔵館、二〇〇一年

寺西貞弘『古代熊野の史的研究』塙書房、二〇〇四年
谷川健一編著『金属と地名』（「地名と風土」叢書　2）三一書房、一九九八年
高野澄『熊野三山・七つの謎』祥伝社、一九九八年
立花秀治「熊野信仰」『熊野――異界への旅』（「別冊太陽」）、平凡社、二〇〇二年
五来重『石の宗教』講談社、二〇〇七年
澁澤龍彥『唐草物語』河出書房新社、一九八一年
ロベール・フラスリエール『ギリシアの神託』戸張智雄訳、白水社、一九六三年
鎌田東二「天川――その土地の力とスピリチュアリティ」「ひととき」二〇〇六年九月号、ウェッジ
クロード・レヴィ＝ストロース『構造人類学』荒川幾男他訳、みすず書房、一九七二年
ホルヘ・ルイス・ボルヘス『アトラス』鼓宗訳、現代思潮新社、二〇〇〇年
石原道博編訳『新訂　魏志倭人伝・後漢書倭伝・宋書倭国伝・隋書倭国伝』岩波書店、一九八五年
ミシェル・ローウェ&カーメン・ブラッカー編『占いと神託』島田裕巳他訳、海鳴社、一九八四年
倉野憲司校注『古事記』岩波書店、一九六三年
山口佳紀・神野志隆光校訂・訳『古事記』（日本の古典をよむ　1）、小学館、二〇〇七年
坂本太郎他校注『日本書紀』（全五巻）、岩波書店、一九九四―九五年
直木孝次郎他校訂・訳『日本書紀』（日本の古典をよむ　2・3）、小学館、二〇〇七年
益田勝実『古事記』（古典を読む　10）岩波書店、一九八四年

中村生雄「神々の霊異とは何か」『日本の神1　神の始原』、山折哲雄編、平凡社、一九九五年
斎藤英喜「祟る神と託宣する神」『日本の神1　神の始原』、山折哲雄編、平凡社、一九九五年
折口信夫「妣（はは）が国へ・常世へ」『折口信夫全集』第二巻、中央公論社、一九五五年
折口信夫「産霊の信仰」『折口信夫全集』第二十巻、中央公論社、一九五六年
高取正男『神道の成立』平凡社、一九九三年
頼富本宏『密教』講談社、一九八八年
谷川健一・金両基「渡りくる神・漂泊の神・異神」「遊行」2（特集＝異人と異神）、テオリア、一九八七年
吉野裕子「伊勢神宮の秘神・波波木神」「現代宗教」3（特集＝聖地）、春秋社、一九八〇年
『紀伊続風土記』（復刻版。全五巻）、臨川書店、一九九〇年
ブライアン・リー・モリノー『聖なる大地』、荒俣宏監修、月村澄枝訳、創元社、一九九六年
ロラン・バルト『テクストの快楽』沢崎浩平訳、みすず書房、一九七七年
岡本太郎『神秘日本』みすず書房、一九九九年
中西旭「出雲における熊野大社の原像」「神道宗教」第百一号、神道宗教学会、一九八〇年
宮本誼一「忘れられた熊野」「古美術」42、三彩社、一九七三年
北岡賢二『三世紀・日本建国の式典は潮岬太陽神祭祀場で行われた』串本町公民館
川上裕「陥没カルデラの形成機構——紀伊半島、熊野酸性岩類の例」（二〇〇五年八月三十日、

名古屋大学におけるSELISセミナーでの研究発表)、http://www.selis.hyarc.nagoya-u.ac.jp/21coe-selis/project/selis-seminar/fyh17/seminar038.html
川上裕・星博幸「火山――深成複合岩体にみられる環状岩脈とシート状貫入岩：紀伊半島、尾鷲―熊野地域の熊野酸性火成岩類の地質」「地質学雑誌」第113巻第7号、日本地質学会、二〇〇七年
植島啓司『聖地の想像力』集英社、二〇〇〇年
植島啓司『男が女になる病気』朝日出版社、一九八〇年。集英社、一九九八年
植島啓司『天使のささやき』人文書院、一九九三年
「巨木が育つ屋久島の秘密」「朝日新聞」二〇〇七年九月二日付
特別展「祈りの道～吉野・熊野・高野の名宝～」カタログ、大阪市立美術館、二〇〇四年
特別展「熊野本宮大社と熊野古道」カタログ、和歌山県立博物館、二〇〇七年
「熊野の成り立ち」「熊野自然文化読本」http://www.ne.jp/asahi/japan/gaina/existence-m.html

植島啓司（うえしま　けいじ）

宗教人類学者。一九四七年東京生まれ。東京大学卒業後、同大学大学院人文科学研究科博士課程修了。NYのニュースクール・フォー・ソーシャルリサーチ客員教授、関西大学教授、人間総合科学大学教授等を歴任。著書に、『聖地の想像力』『偶然のチカラ』『賭ける魂』他。

鈴木理策（すずき　りさく）

一九六三年和歌山県新宮市生まれ。写真家。東京藝術大学美術学部准教授。二〇〇〇年第二五回木村伊兵衛写真賞。二〇〇六年第二二回東川賞国内作家賞、和歌山県文化奨励賞。二〇〇八年日本写真協会賞年度賞。著書に、写真集『熊野、雪、桜』『YUKI・SAKURA』他。

世界《せかい》遺《い》産《さん》　神々《かみがみ》の眠《ねむ》る「熊野《くまの》」を歩《ある》く

二〇〇九年四月二二日　第一刷発行　　集英社新書ヴィジュアル版〇一三V
二〇一八年八月　六　日　第三刷発行

著者……植島啓司《うえしまけいじ》　　写真……鈴木理策《すずきりさく》
発行者……茨木政彦
発行所……株式会社集英社
東京都千代田区一ツ橋二-五-一〇　郵便番号一〇一-八〇五〇
電話　〇三-三二三〇-六三九一（編集部）
〇三-三二三〇-六〇八〇（読者係）
〇三-三二三〇-六三九三（販売部）書店専用

装幀……伊藤明彦（アイ・デプト.）
印刷所……凸版印刷株式会社
製本所……加藤製本株式会社
定価はカバーに表示してあります。

ISBN 978-4-08-720487-2 C0214　Printed in Japan

集英社新書　植島啓司・好評既刊

日本の聖地ベスト100

神道や仏教、修験にまつわる土地、磐座やストーンサークルが残された場所……日本には多くの聖地がある。そこは、古来人々が神に対して祈りを捧げたか、神の臨在を得た場所なのである。日本の聖地をたどることは、国の輪郭がどのように形成されたのかを探る旅でもある。三十年以上の調査にもとづき、ぜひ訪れたい日本の聖地をランキングしつつ解説する。

聖地の想像力　～なぜ人は聖地をめざすのか

宗教や文明が盛衰する中で、「聖地」は不動の場所として、無数の人々から巡礼の対象とされてきた。エルサレムは現在も複数の宗教の聖地であり、メッカはイスラム教成立以前から聖地として機能していた。なぜ聖地は動かないのか。各聖地に共通する要素とは？　関連する様々な事象を考察しつつ、聖地という空間の本質を明らかにする。

偶然のチカラ

人間には多くの幸不幸が降り掛かり、未来に何が起こるのかは誰にも分からない。不確実な現世で幸せに生きるにはどうすればよいのか。占いや確率、宗教やスピリチュアルを超え、偶然のしくみを知ることから始める、幸福への新しい方法論。

生きるチカラ

人生は、気にすればきりがない小さな課題の連続である。人は無数の選択を強いられながら生きており、ときには大きな困難に出合うこともある。だが、生きるのに正しいも間違いもない。ありきたりな見方を変え、自分の生き方を手に入れる道を示す。

「頭がよい」って何だろう　～名作パズル、ひらめきクイズで探る

偏差値が高い、勉強ができるということと、頭がよいということは違う。本当の意味で「頭がよい」とはどういうことか？　柔軟な発想やひらめきを必要とする名作パズル、難問・奇問、天才のエピソードから探る。

集英社新書ヴィジュアル版・好評既刊

百鬼夜行絵巻の謎

小松和彦

国内外にある百鬼夜行絵巻の伝本六十余の画像をすべて分析。絵巻の成立と系譜の全容を解明する。

神と仏の道を歩く　～神仏霊場 巡拝の道 公式ガイドブック

神仏霊場会 編

西国の名だたる古社名刹が、宗教、宗派の違いを超えて手を結んだ「神仏霊場会」の公式ガイドブック。

澁澤龍彥 ドラコニア・ワールド

澁澤龍彥・澁澤龍子 編　沢渡朔 写真

澁澤龍彥が残したオブジェに纏わる文章を龍子夫人が精選、沢渡朔撮り下ろしの写真を付して構成した一冊。

熱帯の夢

茂木健一郎　中野義樹 写真

脳科学者が、動物行動学者・日高敏隆と共にコスタリカの熱帯雨林の生態系を探索した、渾身の紀行文。